JN412377

누가,
예수의
생애를
기록하다

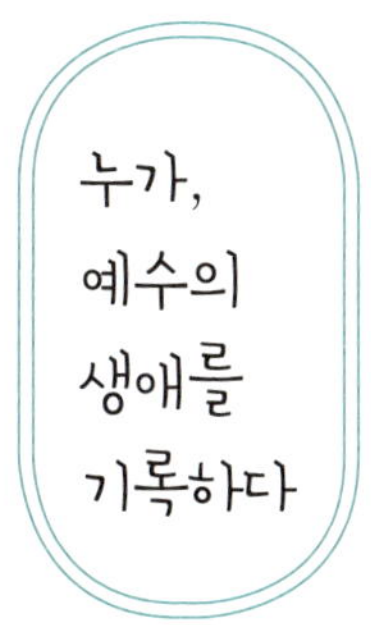

쉽게 풀어 쓴 누가복음

(개정판)

민경식

엮어옮김

대한기독교서회

누가, 예수의 생애를 기록하다
쉽게 풀어 쓴 누가복음

2012년 3월 20일 초판 1쇄
2023년 8월 21일 개정판 1쇄

엮어옮긴이 민경식
펴낸곳 대한기독교서회
펴낸이 서신한

등록 1967년 8월 26일 제1967-000002호
주소 서울시 강남구 테헤란로103길 14(삼성동)
전화 출판국 02-553-0873~4 영업국 02-553-3343
팩스 출판국 02-3453-1639 영업국 02-555-7721
e-mail editor@clsk.org
https://www.clsk.org
facebook.com/clskbooks
instagram.com/clsk1890

책번호 2372
ISBN 978-89-511-2134-0 04230
978-89-511-2137-1 (세트)

The Christian Literature Society of Korea, Seoul
Printed in Korea

• 책값은 뒤표지에 있습니다.

개정판 엮어옮긴이 서문

2012년 초판이 나오고 강산이 한 번 변할 만큼의 시간이 흘렀다. 그 사이에 우리의 언어 습관도 적지 않게 바뀌었고, 그 이상으로 번역에 대한 나의 생각도 바뀌었다. 젊은층 독자들과 기독교의 종교적 용어에 익숙하지 못한 독자들에게 첫 번역은 여전히 구시대의 것이었다. 그래서 이 개정판에서는 그들에게 더욱 친숙한 '그들의' 언어로 표현된 텍스트를 제공하고자 한다.

가장 큰 변화는 인명, 지명 등 고유명사의 표기이다. 기독교인들에게 친숙한 표현을 주로 쓴 첫 번역과 달리 개정판에서는 고유명사를 현대적으로 바꾸었다. '베드로'는 '페트로스'(그리스어 이름)로, '바울'은 '파울루스'(라틴어 이름) 등으로 고쳤다. 각 이름의 어원과 그리스어 표현을 고려하여 가급적 원어의 발음에 가깝게 표현했다. 물론 한계가 있다. 첫째, '예수'는 히브리어 이름 '여호수아'에서 왔으며 그리스어로는 '예수스'로 발음하지만 이 책에는 그냥 '예수'로 두었다. 이미 우리말에서 '예수'는 특정한 인물을 가리키는 이름으로 굳어졌기 때문이다. 둘째, 이러한 음역 원칙에 따르다 보니 때로는 매우 생소한 이름들이 나열되고 있다.(42-43쪽 예수의 족보를 보라.)

그다음으로 눈여겨볼 변화는 젊은 독자들에게 익숙하지 않은 용어를 최대한 배제했다는 점이다. 가령 오늘날 아파트에 사는 젊은이들은 전통 가옥에 살아보지 않았으니 '들보'가 무엇인지 잘 알 수 없을 것이다. 그래서 '들보' 대신 '통나무'를 썼다. "어찌 그대는 동료의 눈 속에 있는 티끌은 보면서, 자기 눈 속에 있는 통나무(들보)는 알지 못합니까?" '세리' 역시 익숙하지 않기에 '세금징수업자'로 바꾸었다. 같은 이유로 '옥합'을 '도자기'로, '누룩'을 '발효균' 등으로 바꾸었다.

또한 도량형이 사용된 경우에는 오늘날에 사용되는 단위를 따랐다. 가령 '불의한 관리인의 비유'(눅 16:1-7)에서 기름 '백 말'을 '2,000리터'로, 밀 '백 섬'을 '40톤'으로 바꾸었다. 오늘날 젊은이들에게 '말'이라는 단위는 생소할 뿐 아니라 대략적인 양을 가늠하기가 어려워 비유의 내용을 오해하기 쉽기 때문이다. '기름 백 말'이라든지 '밀 백 섬'을 빌렸다고 할 경우, 당장 먹을 것이 없는 가난한 사람들이 끼니를 챙기기 위해 어쩔 수 없이 빌렸다고 생각할 수 있다. 그러나 '기름 2,000리터'라든지 '밀 40톤'을 빌리는 것은 그런 상황과는 분명히 다르다.

초판과 마찬가지로 개정판에서도 장·절 표시를 하지 않았다. 성경 본문을 하나의 스토리로 읽는 데 방해가 되기 때문이다. 그러나 독자들의 편의를 위해 소제목 옆에 단락의 장·절을 표시했다.

이러한 개정의 목적은 젊은 독자들이 성경에 더욱 친숙하게 다가갈 수 있게 하려는 것이다. 성경은 인류의 위대한 고전이다. 그러나 읽히지 않는 책은 생명이 없다. 이번 개정으로 독자들이 성경을 '딱딱하고 재미없는' 먼 옛날의 고리타분한 책이 아니라, 누구나 쉽게 읽고 이해할 수 있는, 그래서 오늘날에도 읽을 가치가 있는 책임을 알 수 있기를 바란다.

2023년 8월

민경식

초판 엮어옮긴이 서문

우리 인류에게 영원한 고전인 성경은 특별히 기독교인들에게는 '하나님의 거룩한 말씀'이다. 그런데 성경을 읽는다는 게 여간 어려운 일이 아니다. 재미있고 자극적인 읽을거리가 넘쳐나는 세상에 굳이 고리타분한 성경을 읽어야 한다면, 여간 고역이 아닐 수 없다. 더군다나 바쁘고 복잡한 사회에서 생존해야 하는 우리는 종이에 찍어낸 글보다는 인터넷 매체에 익숙해서, 긴 글은 보지도 않고 덮어버린다. 그러니 성경은 더 이상 우리를 유혹하지 못한다. 그나마 성경을 읽고 싶은 일부 독자들도 불평이다.

"너무 어려워요. 무슨 말인지 모르겠어요. 읽다 포기했어요."

"왜요?"

"성경이 고어체로 되어 있는 것도 어렵고, 배경 지식이 없으니까 읽으면서도 무슨 뜻인지 잘 모르겠고, 그냥 졸려요."

왜 성경은 어려울까? 왜 성경은 재미없을까? 왜 졸릴까? 성경을 재미있게 읽을 수 있는 방법은 없을까? 여러 해 동안 이어진 이러한 고민 끝에 내놓은 것이 『쉽게 풀어 재미있게 읽는 성경 누가복음』이다. 우선 성경 읽기를 방해하는 것들을 추려봤다.

성경, 특히 복음서는 하나의 스토리인데, 우리 기독교인들은 성경을 스토리로 읽지 못하고, 주로 절 단위로 끊어 읽는다. 주일마다 듣게 되는 설교 본문에 익숙해진 탓도 있겠지만, 근본적으로 성경의 장절 표시 때문이다. 성경에는 원래 장절 구분이 없었다. 오늘날의 장절 표시는 16세기 중엽에 스테파누스가 출판한 신약성경에서 유래하는데, 여기서 그는 독자의 편의를 위해 본문을 장절 단위로 구분했고, 이 전통이 오늘날까지 그대로 이어지고 있다. 물론 장절 표시로 인해 성경 구절을 더 빨리 찾을 수 있게 됐고, 어떤 이야기의 위치를 기억하기가 쉬워지는 등 여러 가지 장점도 있지만, 이로 인해 성경을 하나의 이야기로 읽는 데 결정적인 장애가 생겼다. 몇 장 몇 절부터 몇 절까지 성경을 토막토막 읽는 데 익숙해지다 보니, 하나의 이야기를 통째로 읽지 못한다. 그래서 이 책은 장절 표시를 과감하게 없애는 것부터 시작했다. 마치 소설처럼 기승전결로 구성된 예수 이야기는 독자의 가슴을 설레게 하며, 새로운 감동으로 다가올 것이다.

오늘날 번역이론은 '문자적 번역'에서 '기능적 번역'으로 이동

하고 있다. 문장구조를 옮기는 것보다는 본문의 의미, 그 뜻을 살리는 게 중요하다는 인식이 여기 작용했다. 언어에는 그 사회의 온갖 문화적 요소가 스며들어 있기 때문에, 성경 시대의 사회, 경제, 정치, 역사, 문화를 알지 못하면 성경 메시지를 제대로 이해할 수 없다. “6·25가 다시 일어나선 안 되겠어요.”를 문자 그대로 영어로 옮긴다면, 미국 사람들은 그 뜻을 이해하지 못한다. “한 민족이 서로 총부리를 겨누고 싸운 한국전쟁이 다시 일어나선 안 되겠어요.”라고 번역해야 고개를 끄덕인다. “한 민족이 서로 총부리를 겨누고 싸웠다.”는 말이 원문에 어디 있느냐고 따지면 곤란하다. 우리나라 사람치고 “네가 유관순이라도 된단 말이냐?”라는 말의 속뜻을 모르는 사람이야 없겠지만, 우리 역사를 알지 못하는 외국인들은 갸우뚱한다. “네가 독립투사라도 된단 말이냐?”라고 해야 이해한다. “여자인 네가 무슨 유관순 같은 독립투사라도 된단 말이냐?” 하든가.

성경은 지구 반대편에서 2,000년 전에 기록된 문서이다. 문자만 옮겨서 내용을 이해한다는 것은 한마디로 불가능한 바람이다. 그래서 일부 성경은 독자의 이해를 돕기 위해 각주를 달아 본문을 설명한다. 그런데 각주도 매끄러운 성경 읽기를 방해한다. 그래서 이 책은 각주를 없애고, 보충설명을 본문 안에 넣었다. 예를 들면, 예수께서 바리새파 사람 시몬의 집에 초대를 받았을 때, 이렇게 말씀하셨다.

"이 여자를 보느냐 내가 네 집에 들어올 때 너는 내게 발 씻을 물도 주지 아니하였으되 이 여자는 눈물로 내 발을 적시고 그 머리털로 닦았으며…"

이 책에는 이 대목이 이렇게 번역되어 있다.

"이 여인을 보고 있지요? 극진한 손님을 초대할 때는, 집 안에 들어오기 전에 발 씻을 물을 내어놓아야 하는 법. 그런데 당신은 내가 집에 들어올 때, 발 씻을 물도 내오지 않았습니다. 그러나 이 여인은 눈물로 내 발을 적시고, 자기 머리카락으로 닦았습니다."

"극진한 손님을 초대할 때는 집 안에 들어오기 전에 발 씻을 물을 내어놓아야 하는 법"이 원문에 없다고 따질 텐가? 누가복음의 첫 독자들은 당시의 관습에 익숙했기에, 이런 정보가 명시되지 않아도 예수의 말을 이해하는 데 어려움이 없었다. 그러나 오늘날 예수 시대의 팔레스타인 문화를 모르는 독자들에게는 반드시 필요한 정보 아니겠는가? 그래서 '없는 말'을 덧붙였다. 다만 필요할 때는 보충 설명을 넣었지만, 이것 없이도 본문을 이해하는 데 어려움이 없도록 풀어 썼다. 중간중간에는 그림도 있다. 그런데 이 책의 그림은 장식을 위한 도구가 아니다. 말로 설명하기 힘든 부분을 가시적으로 보여주기 위한 훌륭한 장치이다. 그림 하나하나에 엮어옮긴이와 편집자의 의도가 들어 있다.

이 책은 누가복음의 그리스어 본문을 번역하였다. 물론 원문은 더 이상 존재하지 않는다. 누가복음뿐만 아니라 성경의 모든 책이 다 그렇다. 다른 고대 문학작품들도 전부 마찬가지다. 그런데 성경은 다른 어느 작품보다도 많은 사본이 있다. 하지만 안타깝게도 사본마다 제각각이다. 어느 한 사본도 다른 사본과 정확히 일치하는 게 없다. 그래서 어쩔 것인가? 봇짐 메고 원문을 찾으러 나설 것인가? 아니면 포기할 것인가? 그럴 수는 없다. 그래서 본문을 연구하는 학자들이 이것들을 하나하나씩 읽고, 해독하고, 분석하고, 비교하여 원문에 최대 가까운 본문을 재구성했는데, 이 학술적 비평본이 이 번역의 대본이 되었다. 오늘날 세계 모든 나라의 성서공회가 번역대본으로 삼고 있는 그것이다.

가독성을 위해 각주를 없앴다. 그러나 이 책에는 최근의 학문적 논의와 성과가 반영되었다. 논쟁이 되는 구절은 엮어옮긴이의 학술적 판단을 따랐다. 그러나 수많은 구절에서 학계의 논의가 오늘도 지속되고 있음을 고려할 때, 이 번역도 꾸준히 비판받고 수정되어야 할 것이다. 어쨌든 완벽한 번역은 없기 때문이다. 다만, 여기 내놓는 초라한 번역이 성경에 대한 우리 독자들의 관심과 사랑을 조금이나마 충족시킬 수 있기를 바란다. 아무쪼록 더 멋진 번역, 더 즐거운 신앙생활을 위한 밑거름이 되기를 희망한다.

2012년 2월

민경식

차례

1

머리말:
테오필로스에게 보내는 헌사

1:1-4

테오필로스에게 첫 번째 책을 써 보내다(1:1-4)

존경하는 테오필로스 각하께

도대체 우리에게 무슨 일이 있었던 것인지에 대해 이미 많은 사람이 글을 썼습니다. 처음부터 사건을 직접 목격한 사람들이 우리에게 전해준 그대로, 또한 훗날 말씀을 전파한 사람들이 우리에게 전해준 그대로 말입니다. 저 역시 모든 것을 처음부터 자세히 조사해보았습니다. 그래서 이 이야기를 차례대로 엮어서 각하께 보내드려야겠다는 생각이 들었습니다. 각하께서 이미 아시는 일이겠지만 이 글을 통해서 무엇이 진실인지 알게 되시기를 바랍니다.

2

예수의 생애와 어린 시절

1:5–2:52

세례자 요하네스가 태어날 것을 예고하다(1:5-25)

기원전 4년경 헤로데스 대왕이 유대아 땅을 다스리던 때의 일이다. 유대아의 제사장들은 가문에 따라 24개 조•로 나뉘어 있었고 각 조가 한 주씩 돌아가며 예루살렘 성전• 제사 일을 도왔다. 이 가운데 아비야 조에 속하는 자카리아스라는 제사장이 있었다. 그의 아내는 아아론의 후손으로 제사장 가문 출신이었으며 이름은 엘리사베트였다. 두 사람 모두 주님께서 주신 모든 계명과 규율을 흠잡을 데 없이 잘 지키며 하나님 보시기에 의롭게 살았다. 그런데 이 부부에게는 자식이 없었다. 그간 엘리사베트가 임신을 하지 못했고, 더군다나 이제는 둘 다 나이가 지긋이 들어버렸기 때문에 더 이상 아이를 기대하기도 힘들었다.

마침 자카리아스는 자기가 속한 아비야 조가 제사를 담당할 차례가 되어서 성전에서 하나님을 섬기는 제사장 일을 수행하게 되었다. 관례에 따라 제사장들은 각자가 맡을 일을 제비로 뽑아 정했는데, 자카리아스는 주님의 성소 안으로 들어가 분향하는 일을 맡게 되었다. 하루는 그가 안에서 향을 피우는 동안 바깥 성전 뜰에서는 많은 사람이 모여 기도를 드리고 있었다. 그때 주님께서 보내신 천사가 자카리아스에게 나타나더니 분향

24개 조

예루살렘 성전에서 제사 일을 책임지는 사람들은 대제사장을 포함한 소위 '고위 제사장들'이었다. 그들 외에도 성전 제사를 돕는 사람들이 있었는데, 제사장들과 레비 사람들과 일반 백성이었다. 이들은 가문에 따라 모두 24개 조로 구분되었고, 각 조는 일 년에 두 번씩 일주일 동안 성전 제의를 도와야 했다. 제사장들을 24개의 조로 나눈 것은 역대상 24:7 이하를 보라.

예루살렘 성전

예루살렘 성전은 솔로몬 시대인 기원전 10세기에 처음 세워졌다. 하나님의 임재를 상징하는 성전은 그 후로 고대 유대교의 중심으로 자리를 잡았다. 기원전 6세기 초에 신바빌로니아의 침공으로 불타고 파괴되었으나, 기원전 6세기 말에 재건되었다. 재건된 이 성전을 '제2성전'이라고 한다. 기원전 19년부터 헤로데스 대왕이 이를 대대적으로 보수했는데, 가히 재건이라 할 만했다. 헤로데스 대왕이 크고 웅장하게 증축한 이 성전을 '헤로데스 성전'이라고 부른다. 그러나 약 46년에 걸쳐 증축된 이 성전도 기원후 66-70년에 일어난 유대아-로마 전쟁으로 완전히 무너졌다. 예수 당시의 예루살렘 성전은 헤로데스가 재건한 웅장한 성전이었다. 오늘날에는 '통곡의 벽'으로 알려진 서쪽 벽만 남아 있다.

제단 오른쪽에 섰다. 자카리아스는 천사를 보고서 혼비백산했다. 그때 천사가 이렇게 말했다.

"자카리아스 제사장! 두려워하지 마세요. 주님께서 그대의 소원을 들어주셨습니다. 그대의 아내 엘리사베트가 아들을 낳을 테니 아이의 이름을 요하네스라고 하세요. 그 아이가 그대에게 큰 기쁨과 즐거움을 안겨줄 것입니다. 또한 많은 사람이 그 아이가 태어난 것을 기뻐할 것입니다. 주님 보시기에 큰 인물이 될 것이기 때문이지요. 그 아이는 커서도 포도주와 독주를 입에 대지 말아야 합니다. 아이는 어머니 배 속에 있을 때부터 성령을 충만하게 받을 것이고 이스라엘 자손 가운데 많은 사람을 주님, 곧 그들의 하나님께로 돌이키게 할 것입니다. 바로 그 아이가 예언자 엘리야와 똑같은 영과 능력을 가지고 주님 오시기 전에 앞서 올 사람입니다. 그래서 부모의 마음을 자녀에게로 돌아오게 하고, 또한 불효하는 자녀에게 올바른 생각을 심어주어 이스라엘 백성이 주님을 맞아들일 준비가 되도록 할 것입니다."

그러자 자카리아스가 천사에게 말했다.

"저는 이미 늙었습니다. 제 아내 역시 늙었는데 어찌 그런 말을 믿을 수 있겠습니까?"

천사가 대답했다.

"나는 하나님을 옆에서 모시고 있는 천사 가브리엘입니다. 그대에게 이 기쁜 소식을 전하라는 명을 받들고 온 것이지요. 이 일이 다 이루어지는 그날까지 그대는 입이 막혀 말을 하지 못할 것입니다. 때가 되면 곧바로 이루어질 내 말을 믿지 못했으니 말입니다."

자카리아스가 천사를 만나는 동안 성전 뜰에서 기도하던 이스라엘 백성들은 분향하러 들어간 자카리아스가 나오기를 기다리고 있었다. 그런데 그가 성소 안에서 하도 나오지 않기에 이상히 여겼다. 드디어 그가 성소에서 나왔는데 아무 말도 하지 못하자 사람들은 그가 성소 안에서 환상을 보았다는 사실을 알아차렸다. 그는 사람들에게 손짓으로 무엇인가 시늉만 할 뿐 여전히 아무 말도 하지 못했다.

아비야 조가 제사를 맡아서 돕는 기간이 끝나서 제사장 자카리아스는 집으로 돌아왔고, 얼마 뒤에 그의 아내 엘리사베트가 임신하게 되었다. 엘리사베트는 5개월 동안 집 안에 숨어 지내면서 이렇게 말하곤 했다.

"주님께서 이런 식으로 내게 은총을 베풀어주시는구나. 내가 저주를 받아 임신하지 못한다고 다들 수군거리지 않았던가! 주님께서 나를 돌보셔서 내 수치를 씻어주시는 날에 내가 아이를 갖게 된 게야."

예수가 태어날 것을 예고하다(1:26-38)

엘리사베트가 임신한 지 6개월이 되었을 때, 하나님께서 천사 가브리엘을 갈릴래아 지방에 있는 나자레트라는 마을로 보내셨다. 거기 사는 어떤 처녀에게 보내신 것인데, 다비드 가문 출신의 요세프라는 남자와 약혼한 처녀로 이름은 마리아였다. 천사가 마리아의 집으로 들어가 말했다.

"은총을 입은 이여, 기뻐하세요. 주님께서 그대와 함께하십니다."

그 말에 마리아는 몹시 당황했다. 이게 도대체 무슨 인사말인지 어리둥절했다. 그러자 천사가 마리아에게 다시 말했다.

"마리아, 두려워하지 마세요. 그대는 하나님의 은총을 입었습니다. 이제 그대가 임신해 아들을 낳을 텐데 아이 이름을 예수라 하세요. 그 아이는 큰 인물이 될 것이고 지극히 높으신 분의 아들이라 불릴 것입니다. 주 하나님께서 이제 태어날 아이에게 조상 다비드의 왕위를 주실 것입니다. 그 아이는 영원히 야곱의 집 곧 이스라엘을 다스릴 것이며, 그의 나라는 결코 망하지 않을 것입니다."

그러자 마리아가 천사에게 말했다.

"이 몸은 한 번도 남자를 경험하지 못한 처녀인데 어찌 이런 일이 생긴다는 말씀입니까?"

천사가 대답했다.

"성령이 내려오셔서 그대 위에 임할 것입니다. 지극히 높으신 분의 능력이 그대를 덮어 감쌀 것입니다. 그렇기 때문에 이제 태어날 거룩한 아기는 하나님의 아들이라 불릴 것입니다. 그대의 친척인 엘리사베트 역시 늙어서 임신하지 않았나요! 엘리사베트는 평생 임신하지 못하는 여자라 불렸지만 그 배 속에 있는 아이가 벌써 6개월이 되었습니다. 하나님의 말씀이라면 그것이 어떤 말씀이든 불가능한 것은 없습니다."

그러자 마리아가 말했다.

"예, 저는 주님의 종입니다. 천사님의 말씀대로 이 일이 제게 이루어지기를 바랍니다."

그러자 천사가 마리아에게서 떠나갔다.

마리아가 엘리사베트를 방문하다(1:39-56)

그로부터 며칠이 지나지 않아 마리아는 길을 떠났다. 서둘러 유대아 땅의 한 산골 마을로 갔다. 자카리아스의 집으로 간 것이다. 마리아는 집 안으로 들어가서 엘리사베트에게 인사했다. 엘리사베트가 인사를 받을 때에 엘리사베트의 배 속에서 아이가 뛰놀았다. 엘리사베트는 성령으로 충만해져서 큰 소리로 이렇게 외쳤다.

"그대는 여인들 가운데서 가장 큰 복을 받은 여인이며, 그대의 배 속에 있는 아기 역시 복 받은 아이로구나. 내 주님의 어머니께서 내게 오시다니, 어찌 이런 일이 내게 일어날 수 있는가? 이보게, 그대의 인사말이 내 귓전에 들렸을 때 내 배 속의 아이가 기뻐서 뛰놀았다네. 주님께서 하신 말씀이 이루어지리라 믿는 여인은 행복하다네."

그러자 마리아가 이렇게 노래했다.

내 영혼이 주님을 찬양합니다.
내 구세주, 내 하나님 때문에 내 마음에 기쁨이 넘칩니다.
주님께서 아무것도 아닌 이 여종을 돌보셨기 때문입니다.
보십시오. 이제부터 모든 사람이 나를 행복하다 할 것입니다.
능력 있는 분께서 내게 엄청난 일을 베풀어주셨기 때문입니다.
주님의 이름은 거룩하십니다.
주님의 자비가 그분을 두려워하는 사람들에게
대대로 미칠 것입니다.
주님은 그 팔로 대단한 일을 행하셨으며
마음이 교만한 사람들을 흩으셨습니다.
통치자들을 권좌에서 끌어내리셨으며
아무것도 아닌 사람들을 높이 올리셨습니다.
굶주린 사람들을 좋은 것으로 배불리셨으며
부유한 사람들을 빈손으로 쫓아내셨습니다.
주님은, 자비를 베푸시겠다는 약속을 기억하시어
당신의 종 이스라엘을 도우셨습니다.
우리 조상들에게 말씀하신 대로
아브라함과 그의 자손에게 영원토록 자비를 베푸실 것입니다.

마리아는 3개월쯤 엘리사베트와 함께 지내다가 자기 집으로 돌아갔다.

세례자 요하네스가 태어나다(1:57-66)

엘리사베트가 아기를 낳을 때가 되었고 결국 아들을 낳았다. 엘리사베트의 이웃들과 친척들은 주님께서 엘리사베트에게 큰 자비를 베푸셨다는 말을 듣고 함께 기뻐했다. 태어난 지 8일째 되는 날, 아기는 유대아 사람들의 관례에 따라 할례를 받게 되었는데, 이때 이웃들과 친척들이 할례 예식•에 참석하러 왔다. 그들은 아기에게 아버지 이름을 따서 자카리아스라는 이름을 붙여주려고 했지만 아기의 어머니가 나서서 반대했다.

"안 됩니다. 이 아이의 이름은 요하네스라고 해야 합니다."

그러자 사람들은 엘리사베트에게 말했다.

"아주머니 집안에는 그런 이름을 가진 사람이 한 사람도 없지 않습니까?"

할례 예식

할례는 남성의 성기 끝부분을 덮어 싸고 있는 살갗을 베어내는 풍습 또는 행위이다. 전통적으로 유대아 사회에서는 사내아이가 태어나면 8일 만에 할례를 행했다.(창 17:9-14, 레 12:3) 유대아 사람들의 정치적 국가공동체가 붕괴된 바빌론 포로기 이후에 이 예식은 더욱 중요한 의미를 지니게 되었다. 종교적인 의미에서 할례는 하나님과 하나님의 백성인 이스라엘 사이의 계약의 표시이며, 사회적으로는 한 개인이 이스라엘 공동체에 속한다는 의미이다. 할례를 받지 않은 사람은 이방 사람으로 취급받았다.

사람들은 이렇게 말한 뒤 그 아버지에게 아기 이름을 무엇이라고 할 것인지 손짓으로 물어보았다. 그러자 자카리아스는 작은 서판을 달라고 하여 이렇게 썼다.

"그 아이의 이름은 요하네스요."

자카리아스가 글을 써서 의사를 표현하니 모든 사람이 깜짝 놀랐다. 그런데 순식간에 그의 입이 열리고 혀가 풀리더니 말을 하며 하나님을 찬양하는 것이 아닌가! 이웃들이 모두 두려움에 사로잡혔다. 이 모든 이야기가 유대아 산골에 두루 퍼졌다. 이것을 들은 모든 사람이 이 사실을 마음에 새기고 이렇게 말했다.

"이 아이가 커서 얼마나 대단한 사람이 되려고 이러는 걸까?"

주님의 손길이 이 아이와 함께하신다고 생각했기 때문이다.

자카리아스가 예언을 하다(1:67-80)

자카리아스, 즉 훗날 세례자가 되는 요하네스의 아버지가 성령으로 충만해져서 이렇게 예언했다.

주님은 찬양받으시기 합당한 분,
그분은 이스라엘의 하나님이시라네.
당신의 백성을 찾아와 해방시키셨네.

당신의 종 다비드의 집안에
우리를 구할 능력 있는 구원자를 세우셨네.
우리 원수로부터의 구원!
우리를 미워하는 모든 사람의 손아귀로부터의 해방!
이미 오래전부터 당신의 거룩한 예언자들의 입을 통해
선포하신 그대로라네.
우리 조상들에게 자비를 베푸셨네.
당신의 거룩한 계약을 기억하셨네.
그것은 바로 우리 조상 아브라함에게 하신 맹세라네.
우리를 원수들의 손아귀에서 건져내시어
평생 주님 앞에서 거룩하고 의롭게
두려움 없이 주님을 예배하도록 하시겠다는 그 맹세.

아가야,
너는 지극히 높으신 분의 예언자라 불릴 게다.
주님의 길을 예비하려고 그분보다 앞서갈 것이기 때문이다.
죄를 용서받아 구원을 얻을 지식을
주님의 백성에게 가르치도록 말이다.
이게 다 우리 하나님의 자비로운 마음 덕분이란다.
그 마음 덕에 태양이 높이 떠올라 우리 위를 비춘단다.
어둠에 갇힌 사람들,

죽음의 그늘에 갇힌 사람들에게 빛이 비치게 하신다.
이게 다 우리 발을 평화의 길로 이끌어주시려는 것이지.

아이는 몸과 마음이 쑥쑥 자랐다. 이스라엘 백성 앞에 등장할 날까지 광야에서 지냈다.

예수가 태어나다(2:1-7)

그 무렵에 있었던 일이다. 로마의 아우구스투스 황제가 칙령을 내려 제국 전체가 호적•을 등록하게 되었는데, 이 첫 번째 호

호적 등록

아우구스투스(기원전 27년–기원후 14년 재위)는 로마의 공화정을 끝내고 초대 황제에 올랐다. 원래 이름은 옥타비아누스였으나 원로원이 '아우구스투스'(높으신 분, 존엄하신 분)라는 칭호를 수여하면서 신에게나 붙일 수 있던 이 칭호가 그의 이름이 되었다. 그는 세상의 구원자라는 칭송을 받기도 했다. 그는 세금 징수를 위해 인구조사를 실시했는데, 본문에 언급된 호적 등록은 이와 관련된 것으로 보인다. 퀴리니우스는 기원전 10년부터 기원전 4년까지 로마의 시리아 지방 장관으로 근무한 적은 있지만 시리아 총독이 된 것은 기원후 6년이었다.

적 등록은 퀴리니우스 총독이 시리아를 통치할 때 시행되었다. 그래서 사람들은 저마다 호적을 등록하러 자기 고향으로 길을 떠났다. 이때 요세프 역시 갈릴래아에 있는 마을 나자레트를 떠나 유대아의 베틀레헴이라는 다비드의 동네로 올라갔다. 그가 다비드 가문에 속했기 때문이다. 그때 요세프는 자기 약혼자인 마리아와 함께였는데, 마리아는 이미 임신 중이었다. 그들이 베틀레헴에 머물러 있는 동안 마리아가 아기를 낳을 때가 되었다. 드디어 마리아가 첫아들을 낳았다. 마리아는 아기를 포대기에 싸서 여물통에 눕혀 놓았다. 여관에 그들이 묵을 방이 없었기 때문이다.

목자들이 아기 예수께 경배하다(2:8-20)

근방 들녘에서는 목자들이 밤을 지새우며 양 떼를 치고 있었는데 갑자기 주님의 천사가 그들에게 나타났고 어디선가 강한 빛이 그들을 비췄다. 주님의 영광의 빛이었다. 목자들이 겁에 질려 있는데 천사가 그들에게 말했다.

"두려워하지 마세요. 그대들에게 큰 기쁨이 될 복된 소식을 전합니다. 온 백성에게 큰 기쁨이 될 소식이지요. 오늘 그대들을 위해 다비드의 동네에 구세주가 나셨는데, 그리스도 주님이십니다. 그대들은 포대기에 싸여 여물통에 누워 있는 갓난아기를 보게 될 텐데 그것으로써 그리스도이신 그 아기를 알아볼 수 있을 겁니다."

갑자기 어마어마한 규모의 하늘 군대가 나타나더니 그 천사와 함께 하나님을 찬양했다.

> 지극히 높은 곳에서는 하나님께 영광,
> 땅에서는 주님께서 사랑하시는 사람들 가운데 평화.

천사들이 목자들을 떠나 하늘로 올라가자, 그제서야 목자들은 수군거렸다.

"그러면 베틀레헴으로 가보세. 주님께서 우리에게 알려주신 그 일을 보러 가세."

그러고는 급히 달려가 찾아보았더니, 과연 마리아와 요세프와 여물통에 누워 있는 아기가 보였다. 천사의 말대로 요세프 일행을 보게 되자 목자들은 이 아기를 두고 들은 말을 이야기했다. 목자들의 말을 들은 사람들은 다들 그들의 말을 기이하게 여겼다. 그러나 마리아는 이 모든 말을 마음속 깊이 명심한 채 곰곰이 되새겼다. 목자들은 자신들이 보고 들은 것이 천사들이 일러준 그대로임을 알고는 돌아가는 길에 하나님께 영광을 돌리고 그분을 찬양했다. 아기가 태어난 지 8일째가 되어 할례를 행하게 되었을 때 아기의 이름을 예수라 했다. 이는 아기가 마리아의 배 속에 들어서기도 전에 이미 천사가 부른 이름이다.

아기 예수를 주님께 바치다(2:21-40)

유대아 율법에 따르면 사내아이를 낳은 여인은 출산일로부터 40일 동안 부정하다. 그래서 이 기간에 산모는 성전에 들어갈 수 없다. 모이세스의 율법에 따라 요세프와 마리아가 정결예식을 드릴 때가 되자 그들은 아기를 주님께 바치려고 예루살렘으로 아기를 데리고 올라갔다. 산모는 출산한 뒤에 예루살렘 성전에서 제사를 드림으로써 종교적으로 깨끗해지는 절차를 밟았는데, 이때 양 한 마리를 희생제물로 바쳤다. 하지만 그럴 형편이 못 될 경우에는 산비둘기 두 마리나 어린 집비둘기 두 마리를 드렸다. 요세프와 마리아 역시 산비둘기 한 쌍이나 어린 집비둘기 두 마리를 드리라는 주님의 율법에 따라 희생제사를 드리려고 예루살렘으로 올라갔다. 어머니의 태를 처음 열고 나온 사내아이는 누구든지 주님의 것이며, 따라서 주님의 거룩한 사람이라 불릴 것이라는 율법에 따른 관행이었다.

그런데 마침 예루살렘에 시므온이라는 사람이 있었다. 그는 의롭고 경건한 사람이었고 이스라엘이 받을 위로를 기다리고 있었으며 성령이 늘 그와 함께했다. 그는 주님께서 보내실 그리스도를 보기 전에는 결코 죽음을 맛보지 않으리라는 성령의 계시를 받은 사람이었다. 그가 성령의 인도를 받으며 성전으로 들어가는데 때마침 요세프와 마리아도 아기 예수를 데리고 성전에 왔다. 유대아 사회에서는 첫 사내아이를 낳으면 하나님께 바쳐야 한다는 율법이 관례가 되어 있었는데 그것을 지키고자 한 것이다. 이제 예식을 행하려고 예수의 부모가 아기 예수를 시므온의 손에 넘겼다. 시므온은 아기를 두 팔로 받아 안고는 하나님을 찬양했다.

"주님, 주님께서 말씀하신 대로 이제는 주님의 종이 편히 눈감을 수 있게 되었습니다. 이 두 눈으로 주님의 구원을 보았으니 말입니다. 주님께서는 이방과 이스라엘의 모든 백성을 위해 이 구원을 마련하셨습니다. 제가 본 그 빛은 이방 사람들에게는 주님의 뜻을 계시하는 빛이며, 주님의 백성 이스라엘에는 주님의 영광을 드러내는 빛입니다."

요세프와 마리아는 시므온이 아기를 두고 한 말을 듣고는 놀라 어쩔 줄을 몰랐다. 시므온이 그들에게 복을 빌어준 뒤에 아기의 어머니 마리아에게 말했다.

"마리아, 이 아이는 이스라엘 사람들 가운데 많은 사람을 넘어지게도 하고 일어서게도 할 운명이에요. 배척당할 표징이 될 운명이지요. 그대의 마음은 칼이 가슴을 꿰뚫는 고통을 당할 겁니다. 그러나 그럼으로써 그를 배척하는 많은 사람의 마음속에 있는 악한 생각이 만천하에 드러날 겁니다."

또한 한나라고 하는 나이 많은 여자 예언자가 있었는데, 그는 파누엘의 딸로 이스라엘의 열두 지파 가운데 아세르 지파 출신이었다. 예언자 한나는 결혼 후 첫 남편과 함께 7년을 살다가 그만 과부가 되었는데, 84세가 되도록 성전을 떠나지 않고 밤낮 금식과 기도로 하나님을 섬기며 살았다. 아기 예수를 하나님께 바치는 예식을 하던 바로 그때 한나가 다가와서 하나님께 감사를 드리고는 예루살렘의 해방을 기다리는 모든 사람에게 이 아기에 대해 말했다.

요세프와 마리아는 주님의 율법에 규정된 절차를 모두 마친 뒤에 자기들이 살던 마을인 갈릴래아의 나자레트로 돌아왔다. 아이는 자라면서 몸도 튼튼해지고 지혜도 가득해졌다. 하나님의 은총이 그 아이와 함께했다.

소년 예수가 성전에 가다(2:41-52)

유월절이면 예수의 부모는 해마다 예루살렘에 가서 명절을 지켰다.• 유대아 사람들에게는 예루살렘에서 유월절을 지키는 관례가 있었기 때문이다. 예수가 12살이 되었을 때 그들은 절기를 지키는 관례에 따라 지금껏 해온 것처럼 예루살렘에 올라갔다. 명절 기간이 다 끝나 집으로 돌아가는데 소년 예수는 그대로 예루살렘에 남아 있었다. 하지만 요셉과 마리아는 이 사실을 까맣게 모르고, 예수가 일행 가운데 끼어 있으려니 하고 하룻길을 갔다. 그러다가 예수를 찾는데 보이지 않았다. 친척들과 아는 사람들 틈바구니에서도 예수가 보이지 않자 그들은 예수를 찾으면서 예루살렘까지 되돌아갔고, 3일 뒤에야 성전에서 예수를 찾아냈다. 소년 예수는 학자들 틈에 앉아 그들이 하는 말을 듣기도 하고 그들에게 묻기도 하고 있었다. 어린 소년의 말을 듣고 있던 사람들은 모두 그의 통찰력과 야무진 대답에 경탄하고 있었다. 요셉과 마리아는 예수를 보고 어찌할 바를 몰랐다. 그때 어머니가 예수에게 "얘야, 이게 대체 어떻게 된 거니? 네 아버지와 내가 너를 찾느라 얼마나 애태웠는지 모른다." 하고 말했다.

명절을 지킴

유월절은 이스라엘 민족이 이집트에서 노예 생활을 하다가 탈출한 것을 기념하는 날로, 순례자들은 이 절기를 예루살렘에서 지켰다. 이날에는 온 나라에서 무교절이 동시에 시작되는데 무교절은 일주일 동안 지켜졌으며 그 첫날이 유월절이다. 무교절 기간에 이스라엘의 성인 남자들은 예루살렘으로 올라가 명절을 지켜야 했다.(187쪽 "유월절과 무교절" 참고)

그러자 예수는 이렇게 대답했다.

“왜 저를 찾아 헤매셨어요? 제가 제 아버지의 집에 있어야 되는 줄 모르셨어요?”

요세프와 마리아는 예수가 자기들에게 한 말이 도대체 무슨 뜻인지 알지 못했다. 예수는 어머니, 아버지와 함께 예루살렘에서 내려와 나자레트로 돌아가서 부모에게 순종하며 살았다. 그러나 예수의 어머니는 이 모든 일을 마음속 깊이 간직했다. 예수는 더욱 지혜로워졌고 키도 많이 자랐다. 이뿐만 아니라 하나님과 사람들의 총애도 더 많이 받으며 자라났다.

3

세례자 요하네스와 예수

3:1–4:13

세례자 요하네스가 광야에서 활동하다(3:1-20)

로마의 티베리우스 황제 통치 15년째 되던 해에 있었던 일이다. 폰티우스 필라투스 총독이 유대아를 통치하고 있었고, 헤로데스 대왕의 아들인 헤로데스 안티파스가 로마의 분봉왕으로 갈릴래아를, 그의 이복동생인 필리포스가 이투래아와 트라코니

티베리우스와 헤로데스 안티파스

티베리우스(기원후 14-37년 재위)는 로마제국의 초대 황제인 아우구스투스의 뒤를 이은 2대 황제이다. "티베리우스 황제 통치 15년째"는 기원후 28년이다. 필라투스 총독은 기원후 26년부터 36년까지 유대아 땅을 다스린 로마의 제5대 총독이다. 헤로데스 안티파스는 헤로데스 대왕의 여러 아들 중 하나로 헤로데스 대왕이 죽은 뒤 기원후 39년까지 로마의 분봉왕 자격으로 갈릴래아와 베로이아 지역을 다스렸다.

티스 지방을 다스리고 있었으며, 리사니아스도 분봉왕으로 아빌레네를 다스리고 있었다. 그리고 한나스와 카이아파스가 대제사장으로 있었다. 바로 그때에 광야에서 지내던 자카리아스의 아들 요하네스에게 하나님의 말씀이 내렸다.

요하네스는 요르단강 주변 지역 전체를 두루 돌아다니며 세례•를 받고 회개하라고 선포했는데, 세례를 받아야 죄를 용서받는다는 것이었다. 예언자 이사야의 말씀에 기록된 그대로였다.

"광야에서 외치는 자의 소리가 있다. '너희는 주님이 가실 길을 예비하라. 그분의 길을 곧게 하라. 모든 골짜기가 메워지겠고 모든 산과 언덕은 낮아질 것이다. 굽은 길이 곧아지고 울퉁불퉁한 길이 고르게 될 것이다. 육체를 입은 모든 사람이 하나님의

세례

세례(또는 침례)는 물을 이용한 예식으로 기독교 이외에도 여러 종교에서 행해졌다. 기독교의 세례 예식은 유대교의 정결 예식(미크바)에 기초한 것으로 보인다. 신약성서에 나타나는 세례는 몸 전체를 물에 담그는 형태(침례)이며, 예수도 이와 같은 방식으로 세례받았을 것으로 보인다. 암흑과 혼돈을 상징하는 물에 온몸이 잠기는 것은 죽음을 상징하며, 물에서 다시 나오는 것은 새로운 생명을 상징한다. 이러한 의미에서 기독교의 세례는 거듭나 새사람이 되는 예식이라고 할 수 있다. 초기 기독교 공동체에서는 세례 예식이 입교 예식으로 인식되었으며, 점차 유대교의 할례를 대신하게 되었다.

구원을 볼 것이다.'"

자기에게 세례를 받으러 오는 사람들에게 요하네스는 이렇게 말했다.

"독사 새끼들아! 코앞에 놓인 하나님의 진노를 피하라고 누가 일러주었더냐? 회개했다면 그에 합당한 열매를 맺어라. 행실로 보이란 말이다. 속으로 '아브라함이 우리 조상인데!'라고 하는 것 같은데, 그런 말은 입 밖으로 내지도 마라. 내 말을 잘 들어라. 하나님께서는 이 돌들을 가지고도 아브라함의 자손을 만드실 수 있다. 도끼가 이미 나무뿌리에 닿았다. 좋은 열매를 맺지 못하는 나무는 다 찍혀서 불 속에 내팽개쳐질 것이다."

그러자 사람들이 요하네스에게 물었다.

"그러면 우리는 어찌해야 하겠습니까?"

요하네스는 대답했다.

"속옷을 두 벌 가진 사람은 없는 사람에게 나눠주시오. 또 먹을 것이 있는 사람도 이와 같이 나눠주시오."

세금징수업자들도 세례를 받으러 와서는 그에게 물었다.

"선생님, 우리는 어찌해야 하겠습니까?"

요하네스는 그들에게 대답했다.

"당신들에게 할당된 양보다 더 많이 거둬들이지 마시오."

또 군인들도 그에게 물었다.

"그러면 우리는 어찌해야 하겠습니까?"

요하네스는 말했다.

"그 누구의 재산도 억지로 빼앗지 말고, 아무도 괴롭히지 마시오. 지금 받는 급료만으로 만족할 줄 아시오."

이스라엘 백성이 그리스도를 기다리고 있었기 때문에, 그들은 모두 요하네스를 두고 마음속으로 '그가 그리스도가 아닐까?' 하고 생각했다. 그래서 요하네스는 모든 사람에게 이렇게 대답했다.

"나는 여러분에게 물로 세례를 베풀지만 나보다 더 능력 있는 분이 오실 텐데, 나는 그분의 신발끈을 풀어드릴 자격조차 없습니다. 그분은 여러분에게 성령과 불로 세례를 베푸실 것입니다. 이미 그분은 손에 갈퀴•를 들고 계십니다. 이제 막 탈곡하려고 하십니다. 알곡을 모아 곳간에 들이려고 말이지요. 쭉정이는 꺼지지 않는 불에 태우실 것입니다."

그 밖에도 요하네스는 다른 많은 일을 권면하며 백성에게 기쁜 소식을 전했다. 하지만 로마의 분봉왕 헤로데스 안티파스는

갈퀴

우리 농경사회에서 사용한 키와 달리 당시 팔레스타인에서는 갈퀴로 곡식의 낟알과 쭉정이를 분리했다. 이 도구는 삼지창과 비슷한 모양으로 5개에서 7개로 갈라진 모양을 하고 있었다.(192쪽 그림 참고)

요하네스의 책망을 받았는데, 그가 이복동생의 아내인 헤로디아를 자기 아내로 맞아들인 일과 그가 저지른 모든 악한 일 때문이었다. 거기에 또 하나의 악한 일을 더했으니, 그가 요하네스를 감옥에 가둔 것이다.

세례를 받으시다(3:21-22)

온 백성이 세례를 받을 때 예수께서도 세례를 받으시고는 이어 기도하고 계셨다. 그때 하늘이 열렸다. 성령이 마치 비둘기와 같은 모습으로 예수 위에 내려오셨다. 하늘에서는 이런 소리가 들렸다.

"너는 사랑하는 내 아들이다. 내가 너로 인해 참 기쁘구나!"

예수의 족보(3:23-38)

예수께서 사역을 시작하셨을 때는 30살쯤 되셨다. 사람들이 생각하기에 예수는 요세프의 아들이었다. 요세프 윗대는 이러하다. 엘리, 마타트, 레비, 멜키, 야나이, 요세프, 마타티아스, 아모스, 나훔, 헤슬리, 나가이, 마아트, 마타티아스, 세메인, 요세

크, 요다, 요하난, 레사, 즈루바벨, 살라티엘, 네리, 멜키, 아디, 코삼, 엘마담, 에르, 예수아, 엘리에제르, 요림, 마타트, 레비, 시므온, 유다스, 요세프, 요남, 엘리아킴, 멜레아, 메나, 마타타, 나탄, 다비드, 예사이, 오베드, 보아스, 살라, 나아손, 아미나다브, 아드민, 아르니, 헤스롬, 파레스, 유다스, 야콥, 이사아크, 아브라함, 타라, 나호르, 세루크, 라가우, 팔레크, 에베르, 살라, 카이남, 아르팍사드, 셈, 노에, 라메크, 므투셀라, 헤노크, 야레트, 말렐레엘, 카이남, 에노스, 세트, 아담, 하나님.

광야에서 시험 받으시다(4:1-13)

예수께서 성령을 가득 받은 채 요르단강에서 돌아오셨다. 그러고는 성령의 인도를 받고 광야로 나가서 40일 동안 악마에게 시험을 받으셨다. 그 40일 동안 아무것도 드시지 않아 그 기간이 끝난 뒤에 몹시 허기지셨다. 그때 악마가 예수께 말했다.

"네가 하나님의 아들이라면 이 돌에게 말해서 빵이 되라고 해봐라."

그러자 예수께서 악마에게 대답하셨다.

"사람이 빵만 먹고 사는 것이 아니라고 성경에 기록되어 있소."

그랬더니 악마는 예수를 높은 곳으로 데리고 가서 순식간에 세상의 모든 나라를 보여주고는 말했다.

"이 모든 권한과 그로 인한 영광까지도 다 네게 주마. 내가 받은 것이니 내가 주고 싶은 사람에게 줄 수 있단 말이다. 그러니 네가 나한테 절만 하면 모든 것이 다 네 것이 될 게다."

그러자 예수께서 악마에게 대답하셨다.

"주님, 곧 네 하나님을 경배하고 오직 그분만 섬기라고 성경에 기록되어 있소."

그러자 악마는 예수를 예루살렘으로 데리고 가서 성전 꼭대기에 세우고는 이렇게 말했다.

"네가 하나님의 아들이라면 여기서 밑으로 몸을 던져보시지."

악마는 이어서 말했다.

"하나님께서 너를 위해 당신의 천사들에게 명령하여 너를 지키게 하실 것이라고 성경에 기록되어 있고, 또한 천사들이 자기들 손으로 너를 떠받쳐서 네 발이 땅이 부딪히지 않을 것이라고 성경에 기록되어 있지 않느냐?"

그러자 예수께서 악마에게 대답하셨다.

"주 너의 하나님을 시험하지 말라고 성경에 기록되어 있소."

악마는 모든 시험을 끝내고 떠나가서는 한동안 예수 앞에 나타나지 않았다.

4

갈릴래아에서의 선교활동

4:14-9:50

갈릴래아에서 사역을 시작하시다(4:14-15)

예수께서 성령의 능력을 가득 받고 갈릴래아로 돌아오셨고 그에 대한 소문이 주변 온 지역에 퍼졌다. 예수께서는 여러 회당에서 가르치셨고 그때마다 모든 사람의 존경을 받으셨다.

고향에서 배척당하시다(4:16-30)

그러다가 예수께서 나자레트에 오셨다. 그곳은 예수께서 자라나신 고향이다. 예수께서는 늘 하시던 대로 안식일에 회당에 들어가셨다. 그리고 성경을 읽으려고 일어나셨다. 예언자 이사야의 글이 적힌 두루마리를 받아 펴시고는 이런 말씀이 쓰인 곳을 찾아 읽으셨다.

"주님의 영이 내게 내리셨다. 내게 기름을 부어주시어 가난한 사람들에게 기쁜 소식을 전하게 하셨다. 나를 보내시어 포로들에게 해방을, 눈먼 사람들에게 다시 보게 함을 선포하게 하셨다. 또한 억눌린 사람들을 억압에서 풀어주게 하셨다. 그리고 주님의 은혜의 해를 선포하게 하셨다."

예수께서 두루마리를 말아서 책임자에게 넘겨주고 자리에 앉으시자 회당에 모인 모든 사람의 시선이 예수께 집중되었다. 그제야 예수께서 그들에게 말씀하셨다.

"오늘 이 말씀이 여러분이 듣는 가운데 이루어졌습니다."

모두들 예수의 말씀을 똑똑히 들었다. 사람들은 그의 입에서 나오는 은혜로운 말씀에 어안이 벙벙해져 수군거렸다.

"이 사람은 요셉의 아들이 아닌가?"

그래서 예수께서 그들에게 말씀하셨다.

"여러분은 분명히 내게 '의사 양반! 당신 병이나 고치시지!'라는 속담을 들이댈 것입니다. '우리가 듣기로 카파르나움에서 여러 가지 일이 일어났다고 하는데 여기 당신 고향에서도 한번 해보시오.'라고 할 것입니다."

예수께서는 또 이렇게 말씀하셨다.

"내가 진정으로 여러분에게 말씀드리니 잘 들으십시오. 어떤 예언자도 자기 고향에서는 인정받지 못하는 법입니다. 여러분에게 진심을 다해 말씀드리니 잘 들으십시오. 엘리야 시대에 3년 6

개월 동안 하늘이 닫혀서 비가 오지 않자 온 땅에 기근이 심했는데, 당시 이스라엘에 과부가 많이 있었습니다. 그런데 하나님께서는 그들 가운데 오직 시돈 지역에 있는 사렙타 마을의 어떤 과부에게만 엘리야를 보내셨습니다. 또한 예언자 엘리사 시대에 이스라엘에 나병 환자가 많았지만, 시리아 사람 나아만을 빼고는 아무도 고침을 받지 못했습니다."

이방 사람들만 구원받았다는 예수의 이 말씀을 듣고 회당에 모인 사람들 모두가 격분했다. 그들은 들고일어나서 예수를 마을 밖으로 쫓아냈다. 그곳은 산 위에 터 잡은 마을이었는데 그들은 예수를 산벼랑 끝으로 끌고 갔다. 거기서 예수를 절벽 아래로 떨어뜨릴 생각이었다. 그러나 예수께서는 그들 사이를 유유히 빠져나와 갈 길을 떠나셨다.

귀신을 쫓아내시다(4:31-37)

예수께서 갈릴래아에 있는 카파르나움이라는 마을로 내려가셨다. 거기서도 안식일에 회당에 들어가 사람들을 가르치셨는데, 예수의 말씀에 권위가 있었기 때문에 사람들은 그 가르침에 경탄했다. 그런데 그 회당에는 귀신 들린 사람이 있었다. 더러운 귀신의 영이 그 사람 안에 들어간 것이다. 그가 큰 소리로 이렇게 부르짖었다.

"이런, 나자레트 사람 예수, 왜 우리 일에 참견하는 거요? 우리를 방해하러 왔소? 나는 당신이 누구인지 잘 아오. 하나님께서 보내신 거룩한 분이지."

그러자 예수께서 이렇게 꾸짖으셨다.

"입 닥쳐라. 얼른 그 사람에게서 나와 썩 꺼져라."

그러자 귀신은 사람들 한가운데에 그 사람을 고꾸라뜨리고는 그에게서 떠나갔다. 그러나 그에게 해를 끼치지는 않았다. 사람들이 모두 놀라 서로 수군거렸다.

"이분의 말씀이 도대체 얼마나 권위 있고 능력 있기에 그가 명령하니 더러운 귀신들마저도 쫓겨난단 말인가?"

그리하여 예수에 대한 소문이 주변 온 지역에 퍼졌다.

페트로스의 장모와 다른 환자들을 고치시다(4:38-41)

예수께서 자리에서 일어나 회당을 나오셨다. 그러고는 페트로스라고도 하는 시몬의 집에 들어가셨다. 그런데 시몬의 장모가 심한 열병을 앓고 누워 있는 것이 아닌가. 사람들은 예수께 시몬의 장모를 고쳐달라고 애원했다. 예수께서는 병석에 있는 그 부인 옆으로 다가가서 열병을 꾸짖으셨다. 그랬더니 순식간에 부인의 열이 내리고 부인은 자리에서 일어나서 거기 있던 사람들의 시중을 들었다.

그날 해 질 무렵 사람들은 자기가 아는 환자라는 환자는 죄다 예수께 데리고 왔는데, 온갖 종류의 병을 앓는 환자들이었다. 예수께서는 그들 한 사람 한 사람에게 손을 얹고 병을 고쳐주셨다. 또한 여러 귀신 들린 사람들에게서 귀신이 나갔다. 귀신들은 쫓겨나면서 이렇게 소리를 질렀다.

"당신은 하나님의 아들이지!"

그러자 예수께서는 귀신들을 꾸짖으시며 그 말을 하지 못하게 하셨다. 귀신들은 예수가 그리스도이심을 알았기 때문이다.

유대아의 여러 회당에서 기쁜 소식을 선포하시다(4:42-44)

날이 밝자 예수께서는 밖으로 나가시더니 외진 곳으로 가셨다. 한 무리의 사람들이 예수를 찾아 헤매다가 그가 있는 곳까지 이르렀다. 그들은 예수께서 자기들 곁을 떠나지 못하게 붙들었다. 그때 예수께서 그들에게 말씀하셨다.

"나는 하나님 나라의 기쁜 소식을 다른 마을에도 전해야 합니다. 하나님께서 나를 보내신 이유가 바로 그것입니다."

그러고는 유대아의 여러 회당에서 기쁜 소식을 선포하셨다.

어부들을 제자로 부르시다(5:1-11)

예수께서 게네사레트 호숫가에 서 계셨다. 흔히 갈릴래아 호수라고 부르는 호수이다. 거기 한 무리의 사람들이 예수를 에워싸고 하나님의 말씀을 듣고 있었다. 그때 예수께서 배 두 척이 호숫가에 정박해 있는 것을 보셨는데, 어부들이 배에서 내려서 그물을 씻는 중이었다. 두 척 가운데 한 척은 시몬 페트로스의 배였다. 예수께서 그의 배에 올라타셨다. 그리고 시몬에게 배를 뭍에서 조금 떼어놓으라고 하시고는 배에 앉아 사람들을 가르치셨다. 예수께서 말씀을 마치시고 시몬에게 이렇게 말씀하셨다.

"깊은 데로 가서 고기잡이 그물을 내려보시게."

시몬이 대답했다.

"선생님, 우리가 밤새 고생했지만 한 마리도 잡지 못했습니다. 하지만 선생님의 말씀이니 그물을 한번 내려보지요."

뱃사람들이 예수의 말씀대로 하니 그물에 엄청나게 많은 고기가 걸려들어 그물이 견디지 못하고 찢어질 지경이었다. 그래서 저쪽 다른 배에 있는 동료 뱃사람들에게 도와달라고 손짓했다. 그들이 와서 함께 그물을 끌어올렸다. 배 두 척을 고기로 가득 채우니 두 척 모두 가라앉을 지경이었다. 시몬 페트로스가 이 광경을 보고 나서 예수의 발 앞에 엎드려 이렇게 말했다.

"주님, 저를 떠나주십시오. 저는 부정한 사람입니다."

얼마나 많은 고기를 잡았는지, 페트로스와 그의 동료들은 잔뜩 겁을 집어먹은 것이다. 또한 제베대오스의 아들들이자 시몬의 동료인 야코보스와 요하네스도 똑같이 겁을 먹었다. 그때 예수께서 시몬에게 말씀하셨다.

"두려워 말게. 이제부터 그대는 사람을 낚아서 구원의 길로 인도할 것이네."

페트로스와 야코보스와 요하네스는 배를 뭍에 대자마자 모든 것을 버리고 예수를 따라갔다.

나병 환자를 고치시다(5:12-16)

예수께서 어떤 마을에 계실 때 있었던 일이다. 나병이 온몸에 잔뜩 퍼진 사람이 그 마을에 있었는데, 그는 예수를 보자 얼굴을 땅에 대고 엎드려 예수께 간청했다.

"주님, 주님께서는 마음만 먹으시면 저를 깨끗하게 고쳐주실 수 있으십니다."

그러자 예수께서 손을 내밀어 그를 어루만지며 "그렇게 하지요." 하고 말씀하셨다.

"깨끗해져라!"

그러자 나병이 그에게서 순식간에 흔적도 없이 사라졌다. 예수께서는 그에게 이 일을 아무에게도 말하지 말라고 이르셨다.

"다만 제사장에게 가서 그대의 몸을 보여주세요. 그리고 모이세스가 명령한 대로 몸이 깨끗해진 것에 대한 예물을 바치세요. 그러면 그대의 몸이 깨끗해졌다는 사실을 사람들이 알게 될 것입니다."

예수에 대한 소문은 점점 더 널리 퍼져만 갔다. 참으로 수많은 사람이 예수의 말씀을 듣기 위해, 또 자기들의 병을 고치기 위해 모여들었다. 그러자 예수께서는 외진 곳으로 물러나셨다. 그리고 거기서 기도를 드리셨다.

중풍 환자를 고치시다(5:17-26)

하루는 예수께서 사람들을 가르치고 계셨는데, 스스로 경건하다고 자부하는 바리새파 사람들과 율법을 가르치는 교사들이 그 틈바구니에 섞여 앉아 있었다. 그들은 갈릴래아와 유대아에 있는 여러 마을 방방곡곡에서 왔는데, 더러는 예루살렘에서 온 사람들도 있었다. 예수께서는 환자들을 고치셨고, 주님의 능력이 병을 고치는 예수와 함께했다.

그때 몇 사람이 나타났는데 중풍 환자를 들것에 눕힌 채로 데려오고 있었다. 그들은 그 환자를 안으로 들여와서 예수 앞에 놓으려고 했다. 그러나 그곳은 사람들로 바글바글해서 도저히 환자를 안으로 들여놓을 수 없었다. 그래서 지붕에 올라가서 기와를 벗겨내어 지붕에 구멍을 내고 환자를 들것에 눕힌 채로 사람들 한가운데 있는 예수 앞으로 달아 내렸다. 예수께서 그들의 믿음을 보시고 말씀하셨다.

"이보세요. 그대의 죄가 용서받았습니다."

그랬더니 율법학자들과 바리새파• 사람들이 의구심에 차서 수군거리기 시작했다.

"아니, 저자가 대체 어떤 놈이기에 함부로 저런 말을 해서 하나님을 모독한단 말인가? 하나님 한 분밖에 감히 누가 죄를 용서할 수 있단 말인가?"

예수께서 그들의 의심하는 마음을 아시고 그들의 의문에 대답할 겸 말씀하셨다.

"어찌하여 선생님들은 의구심을 품고 있습니까? '당신의 죄가 용서받았습니다.' 하고 말하는 것과 '일어나 걸으십시오.' 하고 말하는 것 가운데 어떤 것이 더 쉽습니까? 땅에서 죄를 용서하는 권한을 사람의 아들인 내가 가지고 있음을 선생님들께 보여드리지요."

그리고 중풍 환자에게 말씀하셨다.

"내가 그대에게 말합니다. '일어나라!' 이제 그대가 누웠던 들

바리새파

바리새파 사람들은 기원전 2세기부터 기원후 1세기 사이의 유대아 사람들의 여러 분파 가운데 매우 세력이 강했던 한 분파로 철저한 보수주의자들이었다. 율법의 문자적인 준수를 강조하는 율법주의자들이었으며, 정치적으로는 분리주의자들이었다. 죽은 사람의 부활과 천사와 영을 믿었으며, 이스라엘을 회복시켜 줄 메시아를 기다리고 있었다.

것을 들고 집으로 돌아가세요."

그러자 환자는 그들이 보는 앞에서 곧바로 일어나서 자기가 누웠던 들것을 들고 하나님께 영광을 돌리며 집으로 돌아갔다. 사람들은 모두 놀라서 하나님께 영광을 돌렸다. 그러면서도 두려움에 싸여 말했다.

"우리가 오늘 기이한 일을 보았구나!"

레비를 부르시다(5:27-32)

이 일이 일어난 뒤에 예수께서 그곳을 떠나 길을 가시다가 레비라는 이름의 세금징수업자가 세관에 앉아 있는 것을 보시고 그에게 말씀하셨다.

"나를 따라오시게."

그러자 레비는 모든 것을 버리고 예수를 따라나섰다. 레비가 예수를 위해 자기 집에서 큰 잔치를 베풀었는데, 여러 명의 세금징수업자와 다른 많은 사람이 그들과 함께 앉아 먹고 마시며 잔치를 즐겼다. 그러자 바리새파 사람들과 바리새파에 속하는 율법학자들이 예수의 제자들에게 따졌다.

"어찌 당신들은 하필 세금징수업자나 제의적으로 부정한 것들과 어울려서 먹고 마시는 겁니까?"

예수께서 그들에게 대답하셨다.

"건강한 사람들에게는 의사가 필요 없지만, 아픈 사람들에게는 필요합니다. 나는 의인을 부르러 온 것이 아닙니다. 죄인을 불러 회개시키려고 왔습니다."

금식에 대해 논쟁하시다(5:33-39)

그러자 바리새파 사람들이 예수께 말했다.

"세례자 요하네스의 제자들은 자주 금식하며 기도합니다. 바리새파 사람들의 제자들도 마찬가지이지요. 그런데 선생님의 제자들은 흥청망청 먹고 마시는군요."

그러자 예수께서 그들에게 이렇게 말씀하셨다.

"여러분은 과연 결혼식에 온 손님들을 굶게 할 수 있겠습니까? 신랑이 아직 그들과 함께 있는데 말입니다. 그러나 신랑을 빼앗기는 날이 올 것입니다. 그때는 내 제자들도 금식할 것입니다."

예수께서는 다시 비유를 하나 들어 말씀하셨다.

"새 옷을 찢어 떼어낸 헝겊 조각으로 낡은 옷을 깁는 사람은 없습니다. 혹시라도 누가 그렇게 한다면 찢은 새 옷을 못 쓰게 될 뿐만 아니라 새 옷에서 떼어낸 헝겊 조각이 낡은 옷에 어울리지도 않을 것입니다. 또한 새 포도주를 낡은 가죽 부대에 담는 사람도 없습니다. 그렇게 하면 새 포도주가 발효되면서 생기는 가스의 압력으로 낡은 가죽 부대가 터지게 됩니다. 그러면 포도주는 쏟아지고 가죽 부대도 못 쓰게 됩니다. 그러니 새 포도주는 새 부대에 담아야지요. 묵은 포도주를 마셔본 사람은 새 포도주를 마시고 싶어 하지 않습니다. '묵은 것이 좋구나.'라고 말하는 법이지요."

안식일에 대해 논쟁하시다(6:1-5)

어느 안식일에 예수께서 밀밭 사이로 지나가시게 되었다. 그런데 예수의 제자들이 밀 이삭을 따서 손으로 비벼서 까 먹었다. 그러자 몇몇 바리새파 사람들이 말했다.

"어찌하여 당신들은 안식일에 해서는 안 되는 일을 하는 것입니까?"

예수께서 그들에게 대답하셨다.

"다비드와 그 일행이 배가 고팠을 때 다비드가 어떤 일을 했는지 읽어보지 못했습니까? 다비드가 하나님의 집에 들어가 제단에 차려놓은 빵을 가져다 먹고, 또 자기와 함께 있던 사람들에게도 주지 않았습니까? 그 빵은 제사장만 먹을 수 있는 빵인데 말입니다."

그러고는 그들에게 한마디 더 하셨다.

"나, 곧 사람의 아들은 안식일의 주인입니다."

손이 오그라든 사람을 고치시다(6:6-11)

다른 안식일에는 이런 일이 있었다. 예수께서 회당에 들어가 가르치시는데 거기에 오른손이 오그라든 사람이 있었다. 율법학자들과 바리새파 사람들은 예수가 안식일에 병을 고치는지 가만히 지켜보고 있었다. 그를 고발할 빌미를 찾는 것이었다. 예수께서 그 속셈을 아시고 손이 오그라든 사람에게 말씀하셨다.

"일어나서 가운데 서십시오."

그러자 그가 일어나 섰고, 예수께서 이어서 말씀하셨다.

"여러분에게 물어보겠습니다. 안식일에 좋은 일을 해야 합니까, 아니면 나쁜 일을 해야 합니까? 목숨을 살려야 하겠습니까, 아니면 죽여야 하겠습니까?"

예수께서 그들 모두를 둘러보신 뒤에 손이 오그라든 사람에게 "손을 내미십시오."라고 말씀하셨다.

그가 그렇게 하니 그의 손이 나아 이전처럼 깨끗하게 되었다. 그러자 율법학자들과 바리새파 사람들은 미칠 듯이 화가 나서 예수를 어떻게 처치할지 함께 의논했다.

열두 제자를 뽑으시다(6:12-16)

그 무렵 예수께서 기도하려고 산으로 올라가셨다. 예수께서는 거기서 밤새 하나님께 기도드리셨다. 날이 밝자 예수께서는 제자들을 불러 모으시고 그 가운데에서 12명을 뽑으셨다. 예수께서는 그들을 사도라고도 부르셨다. 열두 제자의 이름은 다음과 같다.

페트로스라고도 불리는 시몬, 그의 동생 안드레아스, 야코보스, 요하네스, 필리포스, 바르톨로매오스, 마태오스, 토마스, 알패오스의 아들 야코보스, 혁명당원이라고도 하는 시몬, 야코보스의 아들 유다스, 훗날 예수를 팔아넘긴 이스카리오트 유다스.

계속 병을 고쳐주시다(6:17-19)

예수께서 열두 제자와 함께 산에서 내려오셔서 평지에 서셨다. 거기에는 그의 또 다른 제자들이 큰 무리를 이루고 있었고, 또한 온 유대아와 예루살렘뿐 아니라 해안 지방인 티로스와 시돈에서 온 엄청난 수의 백성이 모였다. 그들은 예수의 말씀도 듣고 자기들의 병도 고치려고 온 사람들이었다. 예수께서는 악령에 씌어 고생하는 사람들을 고쳐주시기도 했다. 모든 사람이 예수를 만지려고 애를 썼는데, 예수에게서 초능력이 나와서 만지는 사람마다 병이 나았기 때문이다.

평지에서 설교하시다: 행복과 불행(6:20-26)

예수께서 눈을 들어 제자들을 보시고 말씀하셨다.

"여러분 가운데 가난한 사람들은 행복한 사람입니다. 하나님 나라가 여러분의 것이기 때문입니다. 여러분 가운데 지금 굶주리는 사람들은 행복한 사람입니다. 여러분이 배부를 것이기 때문입니다. 여러분 가운데 지금 슬퍼서 우는 사람들은 행복한 사람입니다. 여러분이 웃을 것이기 때문입니다.

사람들이 나, 곧 사람의 아들 때문에 여러분을 미워하고, 여러분을 쫓아내고, 욕하고, 여러분의 이름이 악하다고 해서 제명할 때, 여러분은 행복한 사람입니다. 그날에 펄쩍펄쩍 뛰며 기뻐하십시오. 하늘에서 여러분이 받을 보상이 크기 때문입니다. 여러분을 미워하는 그들의 조상들도 예언자들에게 이와 똑같이 했기 때문입니다.

그러나 여러분 가운데 부요한 사람들은 불행합니다. 여러분이 받을 위로를 이미 다 받았기 때문입니다. 여러분 가운데 지금 기분 좋게 배부른 사람들은 불행합니다. 여러분이 굶주릴 것이기 때문입니다. 여러분 가운데 지금 웃는 사람들은 불행합니다. 여러분이 슬퍼하며 울 것이기 때문입니다.

모든 사람이 여러분을 좋게 말할 때 여러분은 불행합니다. 여러분을 좋게 말하는 이 사람들의 조상들도 거짓 예언자들에게 이와 똑같이 했기 때문입니다."

평지에서 설교하시다: 원수 사랑(6:27-36)

"그러나 내 말을 듣고 있는 여러분! 잘 들으십시오. 여러분의 원수들을 사랑하십시오. 여러분을 미워하는 사람들에게 잘해주십시오. 여러분을 저주하는 사람들을 축복하십시오. 여러분을 천대하는 사람들을 위해 기도하십시오.

그대의 한쪽 뺨을 때리는 사람에게 다른 쪽 뺨도 돌려대십시오. 그대의 겉옷을 빼앗는 사람에게는 속옷마저 거절하지 말고 내어주십시오. 달라는 사람에게는 내주고, 그대의 것을 가져간 사람에게 돌려달라고 하지 마십시오.

여러분은 사람들이 여러분에게 해주기를 바라는 그대로 똑같이 그들에게 해주십시오. 여러분을 사랑하는 사람들만을 여러분이 사랑한다면 그것이 무슨 자랑거리가 되겠습니까? 죄인들도 자기를 사랑하는 사람들은 사랑합니다. 여러분에게 잘해주는 사람들에게 여러분이 잘해준다면 그것이 무슨 자랑거리가 되겠습니까? 죄인들도 그만큼은 합니다. 도로 받을 생각으로 빌려준다면 그것이 무슨 자랑거리가 되겠습니까? 죄인들도 고스란히 되받을 생각으로 죄인들에게 빌려줍니다. 그러나 여러분은 여러분의 원수들을 사랑하십시오. 잘해주십시오. 되받을 생각 말고 빌려주십시오. 그러면 여러분이 받을 보상이 클 것입니다. 여러분은 지극히 높으신 분의 자녀가 될 것입니다. 그분은 은혜를 모르는 사람들과 악한 사람들에게도 인자하십니다. 여러분의 아버지께서 자비로우신 것처럼 여러분도 자비로운 사람이 되십시오."

평지에서 설교하시다: 비판(6:37-42)

"다른 사람들을 비판하지 마십시오. 그러면 여러분도 결코 비판받을 일이 없습니다. 다른 사람들을 정죄하지 마십시오. 그러면 여러분도 결코 정죄받을 일이 없습니다. 다른 사람들을 용서하십시오. 그러면 여러분도 용서받을 것입니다. 다른 사람들에게 베푸십시오. 그러면 하나님께서 여러분에게 베풀어주실 것입니다. 후하게 주실 텐데 되를 꼭꼭 누르고 빈 공간이 없도록 잘 흔들어서 되가 넘치도록 여러분의 품에 안겨주실 것입니다. 여러분이 펴서 줄 때 사용한 그 되로 여러분이 되받을 것입니다."

예수께서는 또한 그들에게 비유를 들어 말씀하기도 하셨다.

"과연 눈먼 사람이 다른 눈먼 사람의 길잡이가 될 수 있겠습니까? 그러면 둘 다 구덩이에 빠지지 않겠습니까? 제자는 스승보다 위대하지 않습니다. 어떤 제자이건 다 배우고 나서도 자기 스승 정도밖에 되지 않습니다."

"어찌 당신은 동료의 눈 속에 있는 티끌은 보면서 자기 눈 속에 있는 통나무는 깨닫지 못합니까? 어찌 당신은 자기 눈 속에 있는 통나무는 보지 못하면서, 당신 동료에게 '자네 눈 속에 있는 티끌을 빼줄 테니 가만히 있어라.' 하고 말할 수 있습니까? 이 위선자! 먼저 당신 눈 속의 통나무를 빼내십시오. 그제서야 비로소 당신이 제대로 보게 되어 당신 동료의 눈 속에 있는 티끌을 뺄 수 있을 것입니다."

평지에서 설교하시다: 열매와 나무(6:43-45)

"좋은 나무가 나쁜 열매를 맺지 못하고, 마찬가지로 나쁜 나무가 좋은 열매를 맺지 못합니다. 어떤 나무이든지 열매를 보면 그 나무를 알 수 있습니다. 가시나무에서 무화과를 딸 수 없고,

가시덤불에서 포도송이를 딸 수 없습니다. 좋은 사람은 마음속에 있는 좋은 창고에서 좋은 것을 내놓고, 나쁜 사람은 마음속에 있는 나쁜 창고에서 나쁜 것을 내놓습니다. 마음속에 가득한 것이 입 밖으로 흘러나오기 때문입니다."

평지에서 설교하시다: 실천(6:46-49)

"어찌 여러분은 나를 '주님, 주님!' 하고 부르면서도 내가 말하는 것을 실천하지 않는 것입니까? 내게 와서 내 말을 듣고 그것을 실천하는 사람, 그런 사람이 무엇과 같은지 여러분에게 보여드리겠습니다. 누구든지 그렇게 하는 사람은 땅을 파되 깊이 파고, 든든한 바위 위에 기초 공사를 하고 집을 짓는 사람과 같습니다. 홍수가 나서 그 집에 큰 물살이 들이쳐도 끄떡없습니다. 잘 지은 집이기 때문입니다. 그러나 내 말을 듣고도 실천하지 않는 사람은 기초공사 없이 맨땅 위에 집을 짓는 사람과 같습니다. 그 집에 큰 물살이 들이치자 금방 무너졌습니다. 여지없이 폭삭 붕괴되고 말았습니다."

백인대장의 종을 고치시다(7:1-10)

예수께서 사람들에게 말씀을 많이 들려주셨는데, 말씀을 다 마치신 뒤에 카파르나움으로 가셨다. 거기 백인대장•이 한 사람 있었다. 백인대장은 로마 군대의 하급 장교에 해당하였다. 그 백인대장의 종이 병들어 거의 죽게 되었는데, 그는 주인인 백인대장에게 매우 소중한 종이었다. 백인대장은 예수에 대한 소문을 듣고는 유대아 사람들 가운데 원로 몇 사람을 예수께 보내어, 와서 자기 종을 좀 살려달라고 부탁했다. 그들이 예수께 와서 간곡하게 애원했다.

"그 백인대장은 선생님께서 도와주실 만한 분입니다. 우리 민족을 사랑할 뿐만 아니라 우리를 위해 회당을 지어주기도 했습니다."

그래서 예수께서는 그들과 함께 길을 가셨다. 예수께서 백인

백인대장

당시 로마의 군단은 6,000명으로 구성되었다. 100명으로 구성된 백인대가 최소 전투 단위였으며, 6개의 백인대가 하나의 대대를 이루었고, 10개의 대대가 하나의 군단을 이루었다. 백인대장은 백인대를 지휘하는 하급 지휘관이며, 백인대의 투표로 선출된 베테랑으로 명망을 인정받았다.

대장의 집에서 멀지 않은 곳에 이르렀을 때였다. 백인대장은 자기 친구들을 예수께 보내어 이런 말을 전하게 했다.

"선생님, 더 이상 수고하지 않으셔도 됩니다. 저는 선생님을 집에 모실 자격이 없습니다. 같은 이유로 제가 선생님께로 나아가는 것이 당치도 않은 일이라고 생각했습니다. 그저 말씀만 해주십시오. 그래서 제 종이 낫게 해주십시오. 저 역시 상관의 명령을 받는 사람이지만 제 밑에도 병사들이 있어서 제가 이 사람에게 가라고 하면 가고, 저 사람에게 오라고 하면 옵니다. 또 제 종에게 이것을 하라고 하면 합니다."

예수께서 이 말을 들으시고 그 사람을 대견하게 여기셨다. 그래서 자기를 따라오는 사람들을 돌아보시고 말씀하셨다.

"내 말을 잘 들으십시오. 나는 아직 이스라엘 사람들 가운데서도 이런 대단한 믿음을 본 적이 없습니다."

백인대장이 보낸 사람들이 집으로 돌아가서 보니, 종은 이미 나아 있었다.

과부의 아들을 살리시다(7:11-17)

그 일이 있고 나서 곧바로 예수께서는 나인이라는 마을로 가셨는데, 제자들과 많은 사람이 예수와 함께 갔다. 예수께서 그 마을로 들어가는 성문 가까이에 이르렀을 때 사람들이 죽은 사람을 메고 나오고 있었다. 죽은 그 사람은 어떤 과부의 외아들이었다. 마을 사람들이 큰 무리를 지어 그 과부와 함께 있었다. 주님께서 그 여인을 보시고 측은한 마음이 들어 말씀하셨다.

"울지 마세요."

그리고 앞으로 나가 관에 손을 대시니, 관을 메고 가는 사람들이 멈추어 섰다.

"젊은이여, 그대에게 말하노니, 일어나라!"

예수께서 말씀하시자 죽었던 사람이 벌떡 일어나 앉아 말을 하기 시작했다. 예수께서 그 청년을 그의 어머니에게 돌려주셨다. 그러자 모든 사람이 두려움에 사로잡혔다. 그러면서도 하나님께 영광을 돌렸다. 더러는 "우리 가운데 위대한 예언자가 나타나셨다!" 하고 말했고, 더러는 "하나님께서 당신의 백성을 돌보아주셨구나!" 하고 말했다. 예수에 대한 이 이야기가 온 유대아와 그 주변의 모든 지역에 두루 퍼졌다.

세례자 요하네스의 제자들이 찾아오다(7:18-23)

세례자 요하네스의 제자들이 이 모든 일에 대해 요하네스에게 보고했다. 그러자 요하네스는 자기 제자들 가운데 두 사람을 불러 '오신다고 하는 그분이 선생님이십니까? 아니면 우리가 다른 분을 기다려야 합니까?'라는 질문을 전하라고 하면서 그들을 주님께로 보냈다. 그래서 그 두 사람이 예수께 와서 말했다.

"세례자 요하네스께서 우리를 선생님께로 보내셨습니다. 그래서 '오신다고 하는 그분이 선생님이십니까? 아니면 우리가 다른 분을 기다려야 합니까?' 하고 물어보라고 하십니다."

그때 예수께서는 질병과 고통과 악령에 시달리는 많은 사람을 고치고, 눈먼 많은 사람을 다시 보게 해주고 계셨다. 예수께서 그들에게 대답하셨다.

"가서 요하네스 선생님에게 그대들이 보고 들은 것을 전하세요. 눈먼 사람들이 다시 보고, 못 걷는 사람들이 걷고, 나병 환자들이 깨끗하게 낫고, 귀먹은 사람들이 듣고, 죽은 사람들이 살아나고, 가난한 사람들이 기쁜 소식을 듣습니다. 누구든지 나에게 의심을 품지 않는 사람은 행복한 사람입니다."

세례자 요하네스에 대해 증언하시다(7:24-35)

세례자 요하네스가 보낸 심부름꾼들이 떠난 뒤에 예수께서는 거기 모인 많은 사람에게 요하네스를 두고 말씀하기 시작하셨다.

"여러분은 무엇을 보러 광야에 나갔습니까? 바람에 흔들리는 갈대를 보러 나갔습니까? 아니면 무엇을 보러 나갔습니까? 화려한 옷을 입은 사람입니까? 오색찬란한 옷을 입고 호화롭게 사는 사람들은 왕궁에 있습니다. 그것도 아니면 무엇을 보러 나갔습니까? 예언자입니까? 예, 맞습니다. 여러분! 내 말을 잘 들으십시오. 사실은 예언자보다도 더 위대한 사람입니다. 이 사람에 대해 성경에 이렇게 기록되어 있습니다. '보라. 내가 내 심부름꾼을 너보다 먼저 보낸다. 그가 네 앞에서 네 길을 예비할 것이다.' 내 말을 잘 들으십시오. 여인의 몸에서 태어난 사람들 가운데 세례자 요하네스보다 위대한 사람은 없습니다. 그러나 하나님 나라에서는 가장 작은 사람도 요하네스보다 큽니다."

온 백성이 예수의 말씀을 들었다. 심지어는 세금징수업자들까지도 이 말씀을 듣고 하나님께서 하시는 일이 옳다는 것을 깨달았다. 그들은 모두 요하네스의 세례를 받은 사람들이었다. 그러나 바리새파 사람들과 율법교사들은 요하네스의 세례를 받지 않았는데, 그럼으로써 자기들에 대한 하나님의 뜻을 저버렸다.

"그러니 이 세대에 속한 사람들을 무엇에 비길 수 있겠습니까? 도대체 그들은 무엇과 같습니까? 그들은 마치 시장터에 앉아 서로를 향해 외치는 아이들과 같습니다. '우리가 너희를 위해 흥겹게 피리를 부는데 너희는 왜 춤추지 않는 거야?' '우리가 장송곡을 부르는데 너희는 왜 슬퍼하지 않는 거야?' 하며 상대방을 탓하고 투덜거리는 시장터 아이들과 같습니다.

세례자 요하네스가 와서 빵도 먹지 않고 포도주도 마시지 않으니, 여러분은 '그가 귀신이 들렸구나.' 하고 말합니다. 그런데 나 곧 사람의 아들이 와서 실컷 먹고 마음껏 마시니, 여러분은 '저 사람은 폭식가네, 저 사람은 술고래네, 저 사람은 세금징수업자들과 부정한 자들의 친구로구나.' 합니다. 그러나 하나님의 지혜를 받아들인 자녀들이 그 지혜가 옳다는 사실을 드러냈습니다."

죄 많은 여인이 예수의 발에 향유를 붓다(7:36-50)

바리새파 사람들 가운데 어떤 사람이 자기와 함께 식사하자고 예수를 초대했다. 그래서 예수께서 그 바리새파 사람의 집에 들어가 식탁에 앉으셨다.

그런데 마침 그 마을에는 죄 많은 여인이 하나 있었는데, 그 여인은 예수께서 바리새파 사람의 집에 초대받아 식사하고 계신다는 것을 알고 향유가 담긴 도자기를 가지고 그리로 왔다. 그러고는 예수의 뒤쪽에서 다가와 그 발 앞에 서더니 울기 시작했다. 예수의 발이 여인의 눈물에 젖어들었다. 여인은 자기 머리카락으로 예수의 젖은 발을 닦더니 거기에 입을 맞추고는 향유를 발랐다. 예수를 초대한 바리새파 사람이 이것을 보더니 혼잣말로 중얼거렸다.

"이 사람이 정말 예언자라면 자기 몸에 손을 댄 저 여자가 누군지, 어떤 사람인지 알 텐데…. 저 여자는 부정한 사람인데…. 저자는 예언자가 아닌 모양이군."

그러자 예수께서 그에게 말씀하셨다. 이 바리새파 사람의 이름은 시몬이었다.

"시몬, 당신에게 할 말이 있습니다."

"예, 선생님. 말씀하시지요." 하고 그가 대답했다.

"어떤 사채업자에게 빚을 진 사람이 둘 있었습니다. 한 사람은 은화• 500닢을 빚졌고, 다른 사람은 50닢을 빚졌다고 합시다. 그런데 둘 다 갚을 길이 없었어요. 그래서 사채업자는 두 사람의 빚을 다 탕감해 주었습니다. 그러면 두 사람 가운데 누가 그 사채업자를 더 좋아하겠습니까?"

시몬이 대답했다.

"빚을 더 많이 탕감받은 사람이라고 생각합니다."

"그렇지요. 정확히 판단하셨습니다."

예수께서 이렇게 그에게 대답하시더니 그 여인을 돌아보시며 시몬에게 이어 말씀하셨다.

"이 여인을 보고 계시지요? 극진한 손님을 초대할 때는 집 안에 들어오기 전에 발 씻을 물을 내어놓아야 하는 법입니다. 그런

데 당신은 내가 당신 집에 들어올 때 발 씻을 물도 내오지 않았습니다. 그러나 이 여인은 눈물로 내 발을 적시고 자기 머리카락으로 닦아주었습니다. 당신은 내게 입 맞추는 환영 인사를 하지

은화

그리스어 원문에는 '데나리우스'(denarius)라는 화폐 단위가 사용되고 있다. 데나리우스는 은으로 만든 로마의 주조화폐로 예수 당시에는 노동자의 하루 품삯에 해당하는 가치를 지녔다. 노동자의 하루 임금을 5만 원으로 가정하면 은화 50데나리우스는 약 250만 원, 은화 500데나리우스는 2,500만 원이다.(173쪽의 "데나리우스"를 참고하라.)

않았지만, 이 여인은 내가 들어오는 순간부터 멈추지 않고 줄곧 내 발에 입을 맞추었습니다. 당신은 내 머리에 값싼 올리브 기름조차 발라주지 않았지만, 이 여인은 내 발에 값비싼 향유를 발라주었습니다. 그러니 시몬, 내 말을 잘 들으십시오. 이 여인의 행위 때문에 이 여인이 저지른 수많은 죄가 다 용서받았습니다. 그것은 이 여인이 많이 좋아하는 것을 보면 알 수 있습니다. 용서받은 게 적은 사람은 적게 좋아하게 마련이지요."

그리고 예수께서 그 여인에게 말씀하셨다.

"그대의 죄가 다 용서받았습니다."

그러자 식탁에 함께 둘러앉아 있던 사람들이 속으로 수군거리기 시작했다.

"이 사람이 도대체 누구이기에 죄까지도 용서한단 말인가?"

그러나 예수께서는 아랑곳하지 않고 여인에게 말씀하셨다.

"그대의 믿음이 그대를 구했습니다. 안녕히 가세요."

여인들이 예수의 선교를 지원하다(8:1-3)

그 뒤로 예수께서는 여러 마을과 동네를 두루 다니시면서 하나님 나라를 선포하고 그 기쁜 소식을 전하셨는데, 열두 제자가 함께 다녔다. 또한 악령과 질병에 시달리다가 나은 몇몇 여인들도 함께했는데, 그 가운데에는 마리아와 요한나와 수산나가 있었다. 마리아는 귀신이 일곱 마리나 들렸다가 나은 여인으로 막달레네라고도 불렸으며, 요한나는 헤로데스 안티파스의 수하였던 쿠자스의 아내였다. 그 밖에도 여러 다른 여인들이 있었다. 이들은 자신들의 재산으로 예수와 제자들을 재정적으로 지원했다.

씨 뿌리는 사람의 비유를 말씀하시다(8:4-15)

이 마을 저 마을에서 사람들이 예수께로 나아와 큰 무리를 이루자 예수께서 비유를 들어 말씀하셨다.

"씨 뿌리는 사람•이 씨를 뿌리러 나갔습니다. 그가 씨를 뿌리는데 어떤 것은 길가에 떨어져 발에 밟히기도 하고, 하늘을 나는 새들이 쪼아 먹기도 했습니다. 어떤 것은 바위 위에 떨어졌는데, 싹이 나기는 했지만 물기가 없어 말라버렸습니다. 또 어떤 것은 가시덤불 한가운데에 떨어졌는데, 가시덤불이 같이 자라서 씨앗이 자랄 수 없었습니다. 그런데 또 어떤 것은 비옥한 땅에 떨어졌습니다. 그것은 잘 자라나서 100배나 되는 열매를 맺었습니다."

이 말씀을 하시고 예수께서는 힘주어 크게 말씀하셨다.

"들을 귀가 있는 사람은 들으십시오."

예수의 제자들이 예수에게 이 비유가 무슨 뜻인지 물었다. 그래서 예수께서 대답하셨다.

"그대들은 하나님 나라의 비밀을 알 수 있네. 그러나 다른 사람들에게는 비유를 들어 말하고 있다네. 그것은 그들이 보아도 알아보지 못하고, 들어도 알아듣지 못하도록 하려는 것이라네."

예수께서 이어 말씀하셨다.

"이 비유는 이런 뜻이네. 씨앗은 하나님의 말씀이지. 길가에 떨어진 것들은 말씀을 듣기는 했지만 곧바로 악마가 와서 그들의 마음에서 말씀을 빼앗아 간 것을 말하지. 그래서 그들은 믿음을 받아들이지도 못하고 구원도 받지 못하는 것이라네. 바위 위에 있는 것들은 말씀을 들을 때에는 기쁜 마음으로 받아들이

씨 뿌리는 사람

당시 이스라엘에는 두 가지 파종법이 있었다. 하나는 씨앗을 가지고 나가 바람에 날리면서 한 번에 뿌리는 것, 다른 방법은 나귀 등에 씨앗 자루를 실어놓고 자루에 구멍을 뚫은 후 나귀를 돌아다니게 하는 것이었다. 이런 방법을 쓰다 보니 어떤 씨앗은 길가, 돌밭, 가시덤불에 떨어지기도 했다. 또 농부가 흙으로 씨를 덮어주지 않으면 새가 날아와 쪼아 먹기 일쑤였고, 겉은 흙으로 덮인 밭이라도 속에 돌이 많아 뿌린 씨앗 중 무려 4분의 3 정도가 손실되곤 했다.

나 뿌리가 없어서 잠깐 동안은 믿음을 갖지만 시련의 때가 되면 믿음을 버리는 사람들이네. 가시덤불 속에 떨어진 것들은 말씀을 듣기는 하나 살아가는 동안 여러 가지 걱정거리와 재물과 삶이 주는 향락에 짓눌려 좋은 열매를 맺지 못하는 사람들이네. 그리고 좋은 땅에 떨어진 것들은 바르고 착한 마음으로 말씀을 듣고 인내를 가지고 그것을 잘 간직해서 결국 열매를 맺는 사람들이라네."

첫 번째 등불의 비유를 말씀하시다(8:16-18)

"등불을 켜서 그릇으로 덮거나 침대 아래에 두는 사람은 아무도 없다네. 방에 들어오는 사람들이 그 빛을 볼 수 있도록 등잔대 위에 올려놓지. 지금 숨겨둔 것이라도 결국 드러나게 마련이고, 지금 감추어둔 것이라도 결국 알려져 환히 나타나게 마련이네. 그러므로 그대들이 무슨 말을 들을 때 어떻게 듣는지 잘 살펴들 보게. 누구든지 가진 사람은 더 받을 테지만, 가지지 못한 사람은 가지고 있다고 생각하는 것마저 빼앗길 것이네."

참된 친척이 누구인지 가르치시다(8:19-21)

예수의 어머니와 동생들이 예수가 있는 곳으로 왔으나, 사람들이 북적거려서 만날 수가 없었다. 그래서 어떤 사람이 예수께 말했다.

"선생님의 어머니와 동생분들이 선생님을 보려고 밖에 서 계십니다."

그러자 예수께서 사람들에게 이렇게 말씀하셨다.

"하나님의 말씀을 듣고 실천하는 사람들이 내 어머니이고 내 형제들입니다."

풍랑을 다스리시다(8:22-25)

어느 날 예수께서 제자들과 함께 배에 올라타시고 그들에게 말씀하셨다.

"호수 저편으로 건너가자."

그러자 그들이 배를 띄웠다. 배를 타고 가는 동안 예수께서는 잠이 드셨다. 마침 호수에 비바람이 몰아쳤고, 배에 물이 들이차서 그들이 위태롭게 되었다. 제자들이 예수께로 가서 예수를 깨우며 말했다.

"선생님, 선생님, 우리가 죽게 생겼습니다."

이에 예수께서 일어나 바람과 거친 파도를 꾸짖으시니, 바람과 파도가 그치고 호수는 잔잔해졌다. 예수께서 그들에게 말씀하셨다.

"그대들의 믿음이 어디 갔는가?"

제자들은 두려워하며 놀라서 서로 수군거렸다.

"이분이 도대체 누구이시기에 바람과 파도에 명령하시니 그것들마저 이분에게 복종한다는 말인가?"

게라사 지방에서 귀신을 쫓아내시다(8:26-39)

예수와 제자들이 배를 저어 갈릴래아 맞은편에 있는 게라사 사람들이 사는 지역에 다다랐다. 예수께서 배에서 내려 뭍에 오르시니 귀신 들린 사람 하나가 예수를 보러 나왔다. 그는 귀신 들리기 전에는 이 마을에 살던 사람이었다. 그런데 이미 오래전부터 옷을 걸치지 않은 채, 집에서 살지 않고 무덤가에서 지내고 있었다. 그가 예수를 보더니 소리를 지르고는 그 앞에 고꾸라져서 크게 외쳤다.

"으윽, 예수, 당신은 지극히 높으신 하나님의 아들! 왜 내 일에 참견하는 거요? 부탁하건대 나를 괴롭히지 마시오."

그 사람이 고꾸라져 이렇게 말한 이유는, 예수께서 이미 더러운 귀신더러 그 사람에게서 나가라고 명령하셨기 때문이다. 그가 여러 차례나 귀신에 사로잡혀 발작했기 때문에 사람들이 그를 쇠사슬과 쇠고랑으로 묶어 감시했으나, 그는 번번이 묶은 것을 끊고 귀신에 내몰려 광야로 뛰쳐나가고는 했다. 예수께서 그에게 물으셨다.

"네 이름이 무엇이냐?"

그러자 그가 대답했다.

"군대요."

그것은 그 사람 안에 수많은 귀신이 들어가 있었기 때문이다. 귀신들은 자기들을 지옥으로 쫓아내지 말아달라고 예수께 애걸했다.

마침 거기에는 산기슭에서 키우는 돼지 떼가 있었는데 그 숫자가 엄청났다. 귀신들은 자기들이 그 돼지들 속으로라도 들어가게 해달라고 예수께 애원했다. 예수께서 허락하시자 귀신들이 그 사람에게서 나와서 돼지들 속으로 들어갔다. 그러자 돼지 떼가 산비탈을 내리달리더니, 그만 호수에 빠져 죽고 말았다. 돼지를 치던 사람들이 이 일을 보고는 읍내와 변두리 여러 동네로 뛰어가서 거기 있는 사람들에게 알렸다. 이 소식을 들은 사람들은 무슨 일이 일어났는지 보러 나왔다가 예수께서 계신 곳까지 오게 되었다. 거기서 그들은 수많은 귀신에 들렸다가 나은 사람을 보게 되었는데, 그는 옷을 입고 있었고 정신을 차린 채 예수의 발 앞에 얌전히 앉아 있었다. 그들은 두려운 생각이 들었다. 귀신 들렸던 사람이 어떻게 나았는지를 지켜본 사람들이 그들에게 앞뒤 사정을 설명해주었다. 게라사 지역의 주민 모두가 큰 두려움에 사로잡혀, 예수께 자기들에게서 멀리 떠나달라고 부탁했다. 그래서 예수께서 배에 올라타서 왔던 곳으로 돌아가시는데, 귀신 들렸다 나은 사람이 자기도 함께 있게 해달라고 애원했다. 그러나 예수께서는 그를 돌려보내시면서 말씀하셨다.

"집으로 돌아가서 하나님께서 그대에게 얼마나 큰 일을 베풀어주셨는지 전하십시오."

그는 돌아가서 예수께서 자기에게 얼마나 큰 일을 베풀어주셨는지 온 마을에 두루 알렸다.

야이로스의 딸을 살리시고 자궁출혈을 앓는 여인을 고치시다(8:40-56)

갈릴래아 건너편으로 가셨던 예수께서 돌아오시니 많은 사람이 그를 반겨 맞이했다. 그들 모두가 예수께서 돌아오시기를 학수고대하고 있었기 때문이다. 마침 그때 야이로스라고 하는 사람이 왔는데, 그는 회당장,• 곧 유대교 회당의 지도자였다. 그가 예수의 발 앞에 엎드려서 자기네 집으로 가자고 간청했다. 그에게는 12살쯤 되는 외동딸이 있었는데, 그 딸이 죽어가고 있었기 때문이다. 그래서 예수께서 야이로스의 집으로 가시는데, 많은 사람이 예수께 밀려들어 붐비는 통에 숨 쉬기도 힘들 지경이 되었다.

밀려든 사람들 가운데에는 12년이나 자궁출혈•을 앓고 있는 여인이 있었다. 용하다는 의사들을 두루 찾아다니느라 재산을 다 써버렸지만, 이 여인의 병을 고칠 수 있는 의사는 없었다. 이 여인이 뒤쪽에서 다가와 예수의 옷자락에 손을 대니 흐르던 피가 순식간에 멈췄다. 그때 예수께서 사람들에게 물으셨다.

"누가 내 몸에 손을 댔습니까?"

사람들이 모두 자기는 만지지 않았다고 하는데, 페트로스가

회당장

회당장은 유대교 회당의 지도자로 예배를 주관했을 뿐만 아니라 회당을 관리하기도 했다. 기원전 6세기 솔로몬 성전이 파괴된 뒤에 공공 예배 장소의 기능을 수행하기 위해 회당이 시작되었을 것으로 보인다. 회당은 성전이 재건된 뒤에도, 특히 예루살렘에서 멀리 떨어진 유대아 공동체의 제의적·교육적·사회적 기능을 수행했다. 예루살렘 성전을 중심으로 했던 이스라엘의 종교는 기원후 70년 성전의 파괴와 더불어 회당 중심으로 바뀌었다.

말했다.

"선생님, 이 수많은 사람이 선생님을 둘러싼 채로 밀치고 있습니다."

그러자 예수께서 말씀하셨다.

"누군가 내 몸에 손을 대었네. 내게서 초능력이 빠져나간 것을 알고 있네."

그 여인은 더 이상 숨기지 못할 것을 알고 떨면서 나와 예수 앞에 엎드렸다. 그리고 예수의 몸에 손을 댄 이유와 어떻게 병이 순식간에 나았는지를 모든 사람 앞에서 말했다. 그러자 예수께서 그 여인에게 말씀하셨다.

"이스라엘의 딸! 그대의 믿음이 그대를 구했습니다. 안녕히 가십시오."

예수께서 아직 말씀하고 계시는데, 회당장 야이로스의 집에서 한 사람이 와서 말했다.

자궁출혈

일반적인 월경은 규칙적인 출혈이지만, 이 여인은 불규칙적으로 하혈하는 병에 걸렸다. 구약의 전통에서 여성은 월경을 하는 동안 부정하다고 여겨졌다. 더군다나 불규칙적으로 출혈하는 자궁출혈은 부정한 병으로 인식되었으며, 그 환자뿐 아니라 그와 접촉하는 모든 것(사람)이 다 부정하게 된다고 여겨졌다.

"따님이 돌아가셨습니다. 저 선생님께 더 이상 수고를 끼치지 않으셔도 됩니다."

예수께서 이 말을 들으시고 회당장에게 말씀하셨다.

"근심하지 마십시오. 믿기만 하십시오. 따님이 다시 살아날 것입니다."

예수께서 그 집에 도착해서 들어가시는데, 페트로스, 요하네스, 야코보스, 그리고 그 아이의 아버지와 어머니 외에는 아무도 함께 들어가지 못하게 하셨다. 사람들은 모두 죽은 아이 생각에 가슴을 치며 슬피 울고 있었다. 이에 예수께서 말씀하셨다.

"울지들 마십시오. 이 아이는 죽은 것이 아니라 그저 자고 있는 것입니다."

그러나 사람들은 그 아이가 이미 죽은 것을 알았기 때문에 예수를 비웃었다. 예수께서 아이의 손을 잡고 소리 내어 말씀하셨다.

"아이야, 일어나라!"

그러자 그 아이의 숨이 돌아왔고, 아이가 벌떡 일어났다. 예수께서는 아이에게 먹을 것을 좀 갖다주라고 하셨다. 아이의 부모는 자지러지게 놀랐다. 예수께서 그들에게 이 일을 아무에게도 말하지 말라고 이르셨다.

열두 제자를 파송하시다(9:1-6)

예수께서 열두 제자를 불러 모으시고, 그들에게 어떤 귀신이든 제압할 수 있는 능력과 권한을 주셨다. 또한 병을 고치는 능력과 권한도 주셨다. 그리고 하나님 나라를 선포하고 병든 사람들을 고쳐주게 하려고 그들을 파송하며 이렇게 명령하셨다.

"길을 떠날 때 아무것도 가지고 가지들 말게. 지팡이나 배낭이나 식량이나 돈도 가지고 가지 말고, 옷도 두 벌씩 가지고 갈 생각 말게. 그대들이 어느 집에 들어가든지 그 마을을 떠날 때까지 그 집에 머물러들 있게. 어디든지 그곳 사람들이 그대들을 환영하지 않는다면, 그 마을을 떠날 때 그대들 발에 묻은 먼지를 털어버리게. 이제 그 마을과는 어떤 상관도 없다는, 그들에 대한 경고의 표시로 말일세."

열두 제자는 길을 떠나 여러 동네를 두루 돌아다녔고, 가는 곳곳마다 아픈 사람들을 고쳐주며 기쁜 소식을 전했다.

헤로데스 안티파스가 예수에 대한 소문을 듣다(9:7-9)

헤로데스 대왕의 아들이자 로마의 분봉왕 헤로데스 안티파스•가 이 모든 일에 대해 듣고 몹시 당황했다. 왜냐하면 어떤 사람들은 말하기를 세례자 요하네스가 죽은 사람들 가운데에서 살아났다고 하고, 또 어떤 사람들은 엘리야가 나타났다고 말하는가 하면, 또 다른 어떤 사람들은 예전에 활동하던 예언자들 가운데 한 사람이 다시 살아났다고 말했기 때문이다. 그러니 헤로데스는 이렇게 말하며, 예수를 만나고자 했다.

"세례자 요하네스는 내가 목을 베어서 죽이지 않았던가? 내게 이런 소문이 들리는데, 그 소문의 주인공은 대체 누구란 말인가?"

5,000명을 먹이시다(9:10-17)

예수께서 파송한 사도들이 임무를 마치고 돌아와서 자기들이 한 일을 예수께 낱낱이 보고했다. 예수께서는 그들을 따로 데

헤로데스 안티파스

헤로데스 안티파스는 이복동생인 필리푸스 2세(분봉왕인 필리푸스 1세와는 다른 인물)의 아내였던 헤로디아와 결혼했는데, 세례자 요하네스가 이를 강력하게 비판했고, 결국 헤로데스 안티파스는 세례자 요하네스를 처형했다.(막 6:14-29)

리고 베트사이다라고 하는 마을로 가셨다. 그러나 많은 사람이 이 사실을 알고 예수를 쫓아갔다. 예수께서는 그들을 잘 맞아주시고 그들에게 하나님 나라에 대해 말씀해주셨다. 또 병든 사람들을 고쳐주셨다. 그런데 날이 저물기 시작하자 열두 제자가 예수께 와서 말했다.

"이 사람들을 그만 흩어 보내시지요. 이 사람들이 근처 동네나 농가로 가서 먹을거리도 구하고, 쉴 수 있도록 해야겠습니다. 여기는 외진 곳이 아닙니까? 먹고 잘 데가 없습니다."

그런데 예수께서는 이렇게 말씀하시는 것이었다.

"그대들이 이 사람들에게 먹을 것을 좀 구해주게."

제자들이 대답했다.

"지금 우리가 가진 것이라고는 빵 다섯 덩이와 물고기 두 마리밖에 없습니다. 이 사람들을 모두 먹일 만큼 엄청나게 많은 음식을 당장 사 오지 않는 한 무슨 수로 이들을 다 먹이겠습니까?"

그곳에 모인 사람들은 성인 남자만 해도 5,000명이나 되었다. 예수께서 제자들에게 말씀하셨다.

"사람들이 음식을 먹을 수 있도록 대충 50명씩 무리를 지어 앉히게."

예수의 말씀대로 제자들은 사람들을 모두 식사대형으로 앉혔다. 예수께서 빵 다섯 덩이와 물고기 두 마리를 손에 들고 하늘을 쳐다보시더니, 식사 기도를 하셨다. 그리고 음식을 떼어 제

자들에게 건네면서 사람들에게 나눠주도록 하셨다. 사람들은 모두 배부르게 먹었는데, 먹고 남은 부스러기를 모았더니 열두 광주리나 되었다.

페트로스가 예수를 그리스도라고 고백하다(9:18-20)

하루는 예수께서 혼자 기도하고 계셨다. 곁에는 제자들이 있었다. 예수께서 제자들에게 물으셨다.

"사람들이 나를 누구라고 하는가?"

제자들이 대답했다.

"세례자 요하네스라고 합니다. 그러나 어떤 사람들은 엘리야• 라고 하기도 하고, 또 다른 사람들은 예전에 활동하던 예언자들 가운데 한 사람이 다시 살아났다고도 합니다."

그러자 예수께서 그들에게 물으셨다.

"그러면 그대들은 내가 누구라고 생각하는가?"

그러자 페트로스가 대답했다.

"하나님께서 보내신 그리스도이십니다."

엘리야

엘리야는 구약성경에 등장하는 예언자로, 기원전 9세기에 북이스라엘에서 활동했다. 기원전 6세기 다비드 왕조가 멸망한 이후, 이스라엘 사람들은 외세의 압제에서 자신들을 해방할 메시아를 기다렸는데, 예언자들 가운데 한 사람이 메시아로 다시 오리라고 믿는 사람들도 있었고, 엘리야가 최후의 날에 다시 오리라고 믿는 사람들도 있었다.(말 4:5)

처음으로 죽음과 부활을 예고하시다(9:21-27)

그런데 예수께서는 제자들을 나무라시고 이것을 아무에게도 말하지 말라고 지시하셨다.

"나, 곧 사람의 아들은 고난을 많이 받아야 하네. 원로들과 대제사장들과 율법학자들의 배척을 받아야 할 뿐 아니라 죽임을 당해야 하며, 결국 3일째 되는 날 살아나야 한단 말일세."

그리고 예수께서 제자들 모두에게 말씀하셨다.

"나를 따라오려는 사람, 그래서 내 제자가 되려는 사람은 자기 자신을 부인해야 하며, 날마다 자기 십자가를 지고 나를 따라와야 하네. 누구든지 자기 목숨을 살리려는 사람은 잃을 것이며, 누구든지 나를 위해 자기 목숨을 잃을 각오가 된 사람, 바로 그런 사람이 살 것이네. 사람이 세상 전부를 얻는다 해도 죽거나 크게 다치면 그게 무슨 소용이 있겠나?

누구든지 나와 내 말을 수치스럽게 여기면 사람의 아들인 나 역시 마지막 날에 그 사람을 수치스럽게 생각할 것이네. 사람의 아들이 자기의 영광과 아버지의 영광과 천사들의 영광에 둘러싸인 채 오는 그날에 그 사람을 수치스럽게 여길 것이라는 말이네. 진심으로 그대들에게 말하니 내 말 잘들 듣게. 여기에 서 있는 그대들 가운데 몇 사람은 하나님 나라를 보기 전까지 결코 죽음을 맛보지 않을 걸세."

모습이 변하시다(9:28-36)

이 말씀을 하신 뒤 8일쯤 되는 날, 예수께서 페트로스와 요하네스와 야코보스를 데리고 기도하러 산에 올라가셨다. 예수께서 기도하고 계시는데 그의 얼굴 모습이 변하더니 그의 옷도 눈부시도록 희게 빛났다. 그런데 갑자기 사람 둘이 나타나 예수와 이야기를 나누었다. 모이세스와 엘리야였다. 영광에 둘러싸여 나타난 그들은 예수의 죽음에 대해 말하고 있었는데, 예수께서 머지않아 예루살렘에서 완수할 죽음이었다. 그때 페트로스와 그와 함께 있던 요하네스와 야코보스, 셋은 잠에 취해 있었다. 그러다 깨어나더니 예수의 영광을 보고 또 그와 함께 서 있는 두 사람 모이세스와 엘리야도 보았다. 모이세스와 엘리야가 막 예수를 떠나려고 할 때 페트로스가 예수께 말했다.

"선생님, 우리가 여기서 지내면 참 좋겠습니다. 우리가 천막 셋을 치겠습니다. 하나는 선생님을 위해, 하나는 모이세스를 위해, 하나는 엘리야를 위해 말입니다."

그는 자기가 무슨 말을 하는지도 몰랐다. 그가 이 말을 하고 있는데, 구름이 나타나 그들을 휩쌌다. 구름에 완전히 뒤덮이자 그들은 두려움에 사로잡혔다. 그때 하늘에서 소리가 났다.

"그는 내 아들, 내가 선택한 사람이니, 너희는 그의 말을 들어라!"

이 소리가 들린 뒤, 모이세스와 엘리야는 간 데 없고 예수만 보였다. 그들은 아무 말도 하지 못했다. 자기들이 본 것을 한동안 아무에게도 알리지 않았다.

악령에 사로잡힌 소년을 고치시다(9:37-43a)

다음 날 예수와 세 제자가 산에서 내려오자 많은 사람이 예수를 맞이했다. 바로 그때 그 많은 사람 가운데 있던 어떤 사람이 소리쳤다.

"선생님! 선생님께 부탁드립니다. 제 아들을 살펴봐주십시오. 제 외아들입니다. 악령이 아이를 덮치면 아이가 갑자기 소리를 지릅니다. 또 그 악령 때문에 아이가 거품을 물고 발작을 일으킵니다. 그 악령은 좀처럼 아이에게서 떠나지 않고 자꾸만 아이 몸에 상처를 냅니다. 그래서 선생님의 제자들에게 그 악령을 쫓아달라고 부탁했으나 그들은 악령을 쫓아내지 못했습니다."

예수께서 대답하셨다.

"아, 믿음이 없고 바르지 못한 세대로구나! 내가 언제까지 여러분 곁에 있어야 하겠습니까? 대체 언제까지 여러분의 행태를 받아주어야 하겠습니까? 그대의 아들을 이리로 데려오십시오."

아이가 예수께 오는 도중에도 귀신은 여전히 그 아이를 고꾸라뜨리고 발작을 일으키게 했다. 하지만 결국 예수께서 악령을 꾸짖고 아이의 병을 낫게 해주셨다. 그리고 그 아이를 아버지에게 돌려주셨다. 사람들은 모두 하나님의 위대하심에 감탄했다.

배신을 경고하시다(9:43b-45)

또한 사람들은 예수께서 하신 모든 일에도 감탄했다. 예수께서는 제자들에게 이렇게 말씀하셨다.

"그대들은 이 말을 귀담아듣게. 사람의 아들인 내가 사람들의 손에 넘어갈 것이네."

그러나 제자들은 이 말씀이 무슨 뜻인지 깨닫지 못했다. 제자들이 듣기는 해도 이해하지 못하도록 그 뜻이 감추어져 있었기 때문이다. 제자들은 두려워서 감히 예수께 그 말씀이 무슨 뜻인지 묻지도 못했다.

제자들끼리 다투다(9:46-48)

그 와중에 제자들은 서로 말다툼을 하고 있었다. 그들은 자기들 가운데 누가 제일 높은가의 문제를 두고 다투었다. 예수께서 그들의 마음속 생각을 아시고 어린아이 하나를 데려다가 곁에 세우시고는 제자들에게 말씀하셨다.

"누구든지 나를 보아서라도 이 어린아이를 잘 대접하는 사람은 곧 나를 대접하는 것이네. 또한 누구든지 나를 대접하는 사람은 곧 나를 보내신 분을 대접하는 것이지. 그대들 가운데 가장 낮은 사람이 가장 높은 사람이네."

예수의 이름으로 귀신 쫓는 사람을 인정하시다(9:49-50)

그러자 요하네스가 대답했다.

"선생님, 어떤 사람이 선생님의 이름을 들먹이면서 귀신을 쫓는 것을 우리가 보았습니다. 그런데 그 사람은 우리와 함께 선생님을 따르는 사람이 아니어서 그렇게 하지 못하도록 우리가 막았습니다."

"막지들 말게. 그대들을 적대하지 않는 사람은 그대들을 지지하는 사람이네."

예수께서는 요하네스를 보고 말씀하셨으나, 이는 제자들 모두가 들으라고 하신 말씀이었다.

5

예루살렘을 향해

9:51-19:10

Gospel of Luke

사마리아 사람들이 예수를 받아들이지 않다(9:51-56)

예수께서는 하늘에 올라가실 날이 가까이 오자 예루살렘에 가기로 굳게 결심하셨다. 그러나 직접 가시기 전에 심부름꾼을 앞서 보내셨다. 심부름꾼들이 길을 떠났다. 그들은 예수께서 가실 길을 미리 준비하기 위해 사마리아 사람들이 사는 어떤 동네에 들어갔다. 갈릴래아 지역에서 예루살렘으로 가는 가장 빠른 길이 사마리아를 통과하기 때문이다. 그런데 사마리아 동네 사람들은 예수께서 유대아 땅의 예루살렘으로 가신다는 말에 예수를 맞아들이려 하지 않았다. 사마리아 사람들이 유대아 사람들을 좋아하지 않았기 때문이다. 이 이야기를 듣고 알게 된 예수의 두 제자 요하네스와 야코보스가 말했다.

"주님, 우리가 명령만 하면 하늘에서 불이 떨어져 그들을 몰살시킬 수 있습니다. 그렇게 할까요?"

그러자 예수께서 그 둘을 돌아보고 꾸짖으셨다. 결국 예수 일행은 다른 동네로 갔다.

사람들이 예수를 따르지 못하다(9:57-62)

예수 일행이 길을 가고 있는데, 어떤 사람이 길가에서 예수께 말했다.

"선생님께서 어디를 가시든 제가 따라가겠습니다."

그러자 예수께서 말씀하셨다.

"여우도 굴이 있고 하늘을 나는 새도 둥지가 있지만, 사람의 아들인 나는 머리 둘 곳조차 없어 정처 없이 떠돌아다니는 신세입니다."

그러나 어떤 다른 사람에게는 "나를 따라오세요." 하고 말씀하셨다. 그러나 그 사람은 이렇게 대답했다.

"주님, 우리 아버지께서 돌아가셨습니다. 우선 가서 장례를 치러야 할 것 같습니다. 허락해주십시오."

그러자 예수께서 다시 대답하셨다.

"죽은 사람들의 장례를 치르는 일은 죽은 사람들이 하도록 맡겨두고, 그대는 가서 하나님 나라를 전파하세요."

또 어떤 사람은 이렇게도 말했다.

"주님, 제가 선생님을 따르겠습니다. 그러나 우선 집안 식구들에게 작별인사를 해야겠습니다. 허락해주십시오."

그러자 예수께서 그에게 말씀하셨다.

"쟁기를 손에 쥐고 뒤를 돌아보는 사람은 결코 하나님 나라에 어울리지 않습니다."

72명을 파송하시다(10:1-16)

이 일이 있은 뒤에 주님께서는 또 다른 72명을 뽑으시고 그들을 둘씩 짝지어 내보내셨다. 예수께서 머지않아 직접 가려고 하시는 모든 마을과 모든 지방으로 이들을 앞서 보내시면서 이렇게 말씀하셨다.

"추수할 곡식은 많은데 일꾼이 부족하군요. 그러니 여러분은 추수의 주인이신 하나님께 기도하세요. 추수할 일꾼들을 이 땅에 보내달라고 기도하세요. 자, 이제 떠나세요. 여러분을 보내는데 마치 어린 양을 이리 떼 가운데로 보내는 마음이군요. 지갑도 가지고 가지 말고 배낭이나 신발도 가지고 가지 마세요. 길거리에서 누구를 만나도 장황하게 인사하느라 지체하지 마세요. 어느 집에 들어가든지 먼저 '이 집에 평화가 깃들기를 빕니다.' 하고 인사하세요. 거기에 평화를 받기에 합당한 사람이 있으면 여러분이 비는 평화가 그 사람 위에 내릴 것입니다. 그러나 그런 사람이 없으면 그 평화가 여러분에게 되돌아올 것입니다. 여러분은 평화의 사람이 있는 집에 머물면서 그 집에서 주는 것을 먹고 마시세요. 일꾼이 자기 품삯을 받는 것은 당연합니다. 이 집 저 집 옮겨다니지 마세요. 그대들이 어떤 마을에 들어가든지 그 마을 사람들이 여러분을 영접하면 그들이 여러분에게 내오는 음식을 먹으세요. 그리고 그 마을에 있는 아픈 사람들을 고쳐주고 그들에게 '하나님 나라가 여러분에게 가까이 왔습니다.' 하고 선포하세요. 그러나 그대들이 어떤 마을에 들어가든지 그 마을 사람들이 여러분을 영접하지 않는다면 마을 광장에 나가서 이렇게 말하세요. '여러분의 동네에서 우리 발에 묻은 먼지를 털어놓고 갑니다. 이제 우리는 여러분과 아무 상관도 없습니다. 그러나 이것만은 알아두십시오. 하나님 나라가 가까이 왔습니다.' 내 말을 잘 들으세요. 심판의 날이 되면 가장 타락한 도시로 알려진 소돔이 그 동네보다 가벼운 벌을 받을 것입니다."

예수께서는 이 말씀을 하시다가 갈릴래아 주변의 마을을 저주하셨다.

"회개하지 않는 마을 코라진아! 너에게 화가 있다. 회개하지 않는 마을 베트사이다야! 너에게 화가 있다. 갈릴래아 주변의 너희 두 마을에서 벌어진 기적이 이방 땅에 있는 마을 티로스와 시돈에서 벌어졌더라면, 그곳 주민들은 벌써 오래전에 베옷을 입고 재를 뒤집어쓴 채 앉아 회개했을 것이다. 그러니 심판을 받을 때에 티로스와 시돈이 너희보다 가벼운 벌을 받을 것이다. 회개하지 않는 마을 카파르나움아! 설마 네가 하늘까지 높아지겠느냐? 오히려 지옥에까지 떨어질 것이다."

예수께서 다시 그들에게 말씀하셨다.

"여러분의 말을 듣는 사람은 내 말을 듣는 것입니다. 그리고 여러분을 배척하는 사람은 나를 배척하는 것입니다. 또 나를 배척하는 사람은 나를 보내신 분을 배척하는 것입니다."

돌아온 72명이 보고하다(10:17-20)

예수께서 파송하신 72명이 기쁨에 차서 돌아와서는 이렇게 말했다.

"주님, 주님의 이름을 대었더니 귀신들마저도 우리에게 복종합니다."

그러자 예수께서 그들에게 말씀하셨다.

"사탄이 하늘에서 떨어지는 것을 내가 보았어요. 그 모습이 마치 번개 같더군요. 내가 여러분에게 뱀과 전갈을 짓밟을 능력을 주었어요. 또 사탄이라는 원수가 갖고 있다는 힘을 뛰어넘는 대단한 능력을 주었습니다. 그러니 그대들을 해칠 사람은 아무도 없어요. 그러나 악령들이 여러분에게 복종한다는 사실에 기뻐하지 마세요. 여러분의 이름이 하늘에 기록되었다는 사실에 기뻐하세요."

예수께서 기뻐하시다(10:21-24)

바로 그때 예수께서 성령으로 기쁨에 넘치시어 하나님께 이렇게 기도드리셨다.

"하늘과 땅의 주인이신 아버지! 지혜롭다는 사람들과 똑똑하다는 사람들에게는 이 사실을 감추시고 오히려 어린아이 같은 사람들에게 이 사실을 드러내 주셨으니, 아버지를 찬양합니다. 예, 아버지, 그렇습니다. 이것이 바로 아버지의 선한 뜻입니다. 아버지께서 모든 것을 제게 맡기셨습니다. 아버지밖에는 아들이 누구인지 아는 사람이 아무도 없습니다. 또한 아들과 그 아들이 알려주고자 하는 사람밖에는 아버지가 누구인지 아는 사람이 아무도 없습니다."

예수께서 돌아서서 제자들에게 따로 말씀하셨다.

"그대들이 지금 보고 있는 것을 보는 사람은 행복한 사람이라네. 내 말을 잘 듣게. 많은 예언자와 왕들이 그대들이 지금 보고 있는 것을 보려고 했지만 알아보지 못했다네. 그대들이 지금 듣고 있는 것을 들으려고 했지만 알아듣지 못했지."

선한 사마리아 사람의 비유를 말씀하시다(10:25-37)

한편 어떤 율법교사가 일어나서 예수를 시험했다.

"선생님, 제가 무엇을 해야 영원한 생명을 얻겠습니까?"

예수께서 그에게 되물으셨다.

"율법에 무엇이라고 적혀 있습니까? 선생님은 어떻게 생각하십니까?"

그러자 그가 대답했다.

"'네 마음을 다하고, 네 목숨을 다하고, 네 힘을 다하고, 네 생각을 다해 주 하나님을 사랑하라. 또 네 이웃을 네 몸같이 사랑하라.'라고 되어 있습니다."

예수께서 그에게 말씀하셨다.

"올바르게 대답하셨습니다. 그대로 실천하십시오. 그러면 살 것입니다."

그런데 그 율법교사는 자기 스스로를 정당화하고 싶어서 예수께 물었다.

"그러면 누가 제 이웃입니까?"

그의 질문에 예수께서 비유로 대답하셨다.

"어떤 사람이 예루살렘에서 예리코로 내려가다가 그만 강도들을 만났습니다. 강도들은 그 사람의 옷을 벗기고 그를 두들기고 때려서 반쯤 죽여 놓고 사라졌습니다. 그런데 사람들의 존경을 받는다는 어떤 제사장이 우연히 그 길로 내려가다가 그 사람을 보고는 반대쪽 길로 돌아갔습니다. 이와 마찬가지로 경건하다는 레비 사람도 그곳에 이르러 그 사람을 보고는 반대쪽 길로 돌아갔습니다. 마침 사람들이 천대하는 어떤 사마리아 사람• 이 길을 가다가 강도 만난 사람이 쓰러져 있는 곳에 이르렀는데,

사마리아 사람

예수 당시 유대아 사람과 사마리아 사람은 서로를 좋아하지 않았다. 통일왕국의 분열(기원전 922년) 이후, 남왕국은 통일왕국의 수도이던 예루살렘을 여전히 수도로 삼았으나 새로운 수도가 필요했던 북왕국은 6대 왕인 오므리 때에 사마리아를 수도로 삼았다. 그런데 아시리아가 북왕국을 함락(기원전 722년)한 이후, 정책적으로 사마리아에 사는 이스라엘 사람들을 강제 이주시킴과 동시에 아시리아 사람들을 사마리아에 거주시킴으로써 사마리아 지역에는 이스라엘 사람들과 이방 민족의 혼혈이 넘쳐났고, 그에 따라 종교 간의 혼합도 늘어났다. 남왕국의 유대아 사람들은 북이스라엘의 혼혈인(사마리아인)들이 순수성을 잃어버렸다며 배척했고, 이들과 접촉하는 것만으로도 스스로 부정해진다고 여겼다. 그래서 경건하다는 유대아 사람들은 갈릴래아와 예루살렘을 오갈 때 사마리아 땅을 통해 가기보다는 먼 길로 돌아서 다니곤 했다. 그들과 상종하지 않기 위해서이다. 사마리아 사람들 역시 유대아 사람들을 좋아하지 않았다.

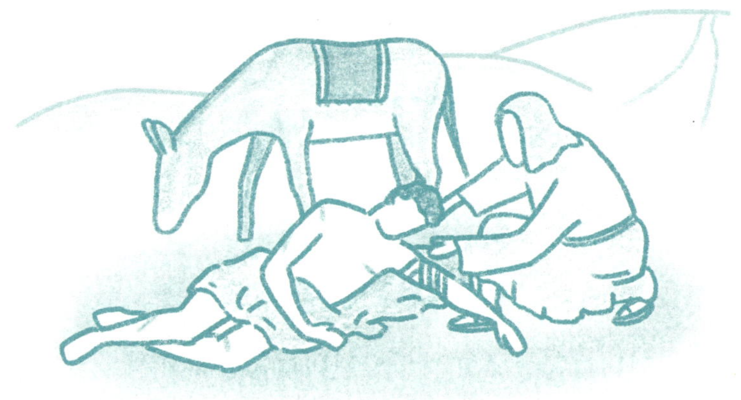

그 사마리아 사람은 그를 보고 가엾게 여겼습니다. 그래서 그에게 가까이 가서 상처에 올리브 기름과 포도주를 붓고 싸매어주었습니다. 그리고 그 사람을 자기 나귀에 태우고는 여관으로 데리고 가서 돌보아주었습니다. 다음 날, 그는 은화• 두 닢을 주인에게 꺼내주고는 '이 사람을 잘 돌보아주십시오. 비용이 더 들면 돌아오는 길에 드리겠습니다.' 하고 말했습니다. 선생님 생각에는 이 세 사람 가운데 누가 강도 만난 사람의 이웃이 되어준 것 같습니까?"

Tip

은화

75쪽의 "은화"를 보라.

그러자 율법교사는 대답했다.

"그 사람에게 자비를 베풀어준 사람이지요."

그러자 예수는 이렇게 말씀하셨다.

"선생님도 가서 이와 같이 실천하십시오."

마르타와 마리아를 방문하시다(10:38-42)

예수 일행이 길을 가고 있었다. 예수께서 어떤 마을에 들어가시니, 마르타라는 여인이 예수를 자기 집으로 모셨다. 마르타에게는 마리아라는 여동생이 있었는데, 마리아는 언니를 도와 상차릴 준비는 하지 않고 예수의 발치에 앉아 말씀만 듣고 있었다. 반면 마르타는 손님 맞이하는 일로 정신이 없었다. 그래서 마르타는 예수께 와서 이렇게 말했다.

"주님, 제 동생이 저에게만 일을 떠맡기는데 주님은 아무렇지도 않으십니까? 저를 좀 도와주라고 말씀해주세요."

그러나 주님께서는 마르타에게 이렇게 대답하셨다.

"마르타, 마르타! 그대가 많은 일에 신경을 쓰니까 마음도 어수선한 것입니다. 그러나 정말로 필요한 것은 단 한 가지뿐이지요. 마리아는 좋은 몫을 택했고 그것을 빼앗기지 않을 것입니다."

기도를 가르쳐주시다(11:1-4)

예수께서 어떤 곳에서 기도하고 계셨는데, 기도를 마치자 제자들 가운데 누군가 예수께 말했다.

"주님, 세례자 요하네스가 자기 제자들에게 가르쳐준 것처럼 우리에게도 기도하는 법을 가르쳐주십시오."

예수께서 제자들에게 대답하셨다.

"그대들은 이렇게 기도하게. 아버지, 아버지의 이름이 거룩히 여겨지기를 원합니다. 아버지의 통치가 이루어지기를 원합니다. 우리에게 필요한 음식을 날마다 주소서. 우리에게 빚진 모든 사람을 우리가 용서하오니, 우리의 죄를 용서해주소서. 우리를 유혹에 빠뜨리지 마소서."

한밤중에 찾아온 친구의 비유를 말씀하시다(11:5-13)

예수께서 제자들에게 말씀하셨다.

"그대들 가운데 누구에게 친구가 하나 있다고 해보세. 한밤중에 그 친구를 찾아가서 '여보게, 빵 세 덩이만 꾸어주게. 내 친구가 길을 가다가 우리 집에 들렀는데 내놓을 것이 하나도 없구먼.' 하고 말했다고 해보세. 그러면 그 친구라는 사람이 안에서

'나를 좀 귀찮게 하지 말게. 이미 문도 다 걸어 잠갔고, 아이들이나 나나 벌써 잠자리에 누웠네. 그러니 일어나서 자네에게 빵을 줄 수 없네.' 하고 대답하겠는가? 내 말을 잘들 듣게. 그대가 그 사람의 친구라는 이유로는 일어나서 빵을 주지 않겠지만, 자기를 귀찮게 하기 때문에라도 일어나서 그대가 필요한 만큼 다 내어줄 것이네. 다시 한번 내 말을 명심들 하게. 달라고 하게. 그러면 받을 것이네. 찾아보게. 그러면 발견할 것이네. 두드려보게. 그러면 그대들에게 문이 열릴 것이네. 누구든지 달라고 하는 사람은 받을 것이고, 찾아보는 사람은 발견할 것이며, 두드리는 사람에게는 열릴 것이네. 그대들 가운데 어떤 아버지가 아들이 생선을 달라고 하는데 생선 대신에 뱀을 주겠는가? 달걀을 달라고 하는데 전갈을 주겠는가? 그대들이 아무리 악하다고 할지라도 자식들에게 좋은 것을 선물할 줄 아는데, 하물며 하늘에 계신 아버지께서는 달라고 하는 사람에게 성령을 얼마나 많이 주시겠는가!"

베엘제불에 대해 논쟁하시다(11:14-26)

예수께서 귀신을 쫓아내셨는데, 사람을 말 못 하게 하는 귀신이었다. 귀신이 나가자 말 못 하던 사람이 말을 하게 되었다.

그래서 많은 사람이 놀랐다. 그런데 그들 가운데 어떤 사람들은 이렇게 말했다.

"그가 귀신들 가운데 우두머리인 베엘제불•의 힘을 빌려서 귀신을 쫓아내는구나."

다른 사람들은 예수를 시험하면서 하늘에서 내려오는 기적을 행해보라고 했다. 그러나 예수께서는 그들의 생각을 아시고, 그들에게 이렇게 말씀하셨다.

"어느 나라든지 갈라져서 서로 싸우면 파멸하고, 또한 한 집 안도 식구들끼리 서로 싸우면 망하게 마련입니다. 여러분은 내가 베엘제불의 힘을 빌려서 귀신을 쫓아낸다고 말하는데, 사탄의 세력이 갈라져서 서로 싸우면 그 나라가 어떻게 버틸 수 있겠습니까? 내가 베엘제불의 힘을 빌려서 귀신을 쫓아낸다면 여러분에게 속한 사람들은 누구의 힘을 빌려서 귀신을 쫓아낸다는 말입니까? 그러므로 바로 그들이 여러분의 생각이 틀렸다는 것

베엘제불

베엘제불(바알세불)은 필리스티아 지역에서 숭배되던 신인데, 신약성경에서 베엘제불은 귀신들의 우두머리를 가리키는 별명으로 사용된다. 이는 '바알'(주인)과 '제불'(집) 또는 '제붑'(파리)의 합성어에서 유래된 말로 '집 주인' 또는 '파리 왕'이라는 뜻으로 해석된다.

을 판결하는 재판관이 되는 셈입니다. 그러나 내가 하나님의 능력을 힘입어 귀신들을 쫓아낸다면 하나님 나라가 이미 여러분에게 와 있는 셈입니다."

예수께서 계속 말씀하셨다.

"힘센 사람이 완전무장을 하고 자기 집을 지키는 동안 그의 재산은 안전하겠지요. 그러나 그 사람보다 더 힘센 사람이 나타나서 그를 무찌르면, 그가 믿고 의지하던 무장이 모두 해제되어 버리고 재산을 빼앗깁니다. 그뿐이 아닙니다. 그 더 힘센 사람은 자기가 빼앗은 것을 사람들에게 나눠줍니다. 나와 함께하지 않는 사람은 나를 적대하는 사람입니다. 나와 함께 모아들이지 않는 사람은 흩트리는 사람입니다."

또 이렇게 말씀하셨다.

"어떤 사람 안에 더러운 악령이 있었는데, 어느 날 그 악령이 쫓겨나 그 사람 밖으로 나왔다고 합시다. 그러면 그 악령은 쉴 곳을 찾느라 물 없는 곳, 광야를 헤매고 다닙니다. 그러다가 들어갈 만한 곳을 찾지 못하면 그 악령은 '내가 전에 들어갔다가 쫓겨나온 그 사람에게 되돌아가야겠다.' 하고 말합니다. 그런데 돌아와 보니 그 사람의 속이 깨끗하게 치워져 있고 정돈되어 있음을 알게 됩니다. 그 악령은 아직 다른 악령이 그 사람의 몸을 차지하지 않았으니 다시 들어갈 수 있겠다고 생각하고 자기보다 더 흉악한 악령을 일곱이나 데리고 와서는 그 사람 안에 다시 들어가서 삽니다. 그렇게 되면 그 사람의 나중 상태는 처음보다 더 심각해집니다."

이 세대가 기적을 구하다(11:27-32)

예수께서 이 말씀을 하고 계실 때에 사람들 틈바구니에서 어떤 여인이 목소리를 높여 예수께 말했다.

"선생님을 배 속에 품고 있던 그 여인, 선생님을 젖먹인 그 여인은 행복한 사람입니다!"

그러나 예수께서는 이렇게 말씀하셨다.

"하나님의 말씀을 듣고 그것을 지키는 사람들이 오히려 행복합니다."

사람들이 더 모여들자 예수께서는 이렇게 말씀하셨다.

"이 세대는 악한 세대입니다. 이 세대가 기적을 구하지만, 멸망할 도시 니네베에 가서 심판을 선언한 예언자 요나스•의 기적 외에는 아무 기적도 받지 못할 것입니다. 요나스가 니네베 사람들에게 기적이 된 것과 마찬가지로 사람의 아들인 나 또한 이 세대 사람들에게 기적이 됩니다. 죽은 사람들이 다시 일어나는 심판의 날에 이 세대 사람들과 함께 남쪽 나라의 여왕•도 살아날 것입니다. 그리고 이 세대 사람들은 그 여왕과 비교되어 정죄를 받을 것입니다. 그 여왕은 솔로몬의 지혜를 들으려고 땅끝에서부터 그를 찾아왔기 때문입니다. 그런데 여기 솔로몬의 지혜보다 더 큰 지혜를 가진 사람이 있습니다. 죽은 사람들이 다시 일어나는 심판의 날에 이 세대 사람들과 함께 니네베 사람들도 일어날 것입니다. 그리고 이 세대 사람들은 그들과 비교되어 정죄를 받을 것입니다. 니네베 사람들이 요나스의 선포를 듣고 회개했기 때문입니다. 그런데 여기 요나스의 선포보다 더 큰 선포를 하는 사람이 있습니다."

요나스

구약의 요나서에서는 예언자 요나스가 소개된다. 요나스는 아시리아의 타락한 대도시 니네베에 가서 심판을 선포하라는 하나님의 명령을 받지만, 이방 도시와 그 도시민들이 회개하여 구원받기를 원하지 않았기에 니네베의 반대 방향에 있는 타르시시로 도망갔다. 하나님은 큰 태풍으로 요나스를 바다에 빠뜨리시고 큰 물고기가 그를 삼키도록 하셨다. 물고기 배 속에서 회개한 요나스는 3일간 거기서 지내다 뭍으로 나와 니네베에 가서 하나님의 심판을 선포했고, 그곳의 왕과 백성은 회개하여 결국 구원을 받게 되었다.

남쪽 나라의 여왕

남쪽 나라에서 온 여왕(왕상 10:1-13, 대하 9:1-12)은 기원전 10세기에 고대 쉐바 왕국을 다스린 여왕이다. 솔로몬 왕의 명성을 듣고 그의 지혜를 확인하기 위해 향료와 보석 등 매우 값진 선물을 가지고 예루살렘을 방문했다.

두 번째 등불의 비유를 말씀하시다(11:33-36)

“등불을 켜서 구덩이 속에 숨겨두거나 바가지로 덮어두는 사람은 아무도 없습니다. 방에 들어오는 사람들이 빛을 볼 수 있도록 등잔대 위에 올려놓습니다. 여러분 한 사람 한 사람의 눈은 각자 자기 몸의 등불입니다. 눈이 맑으면 눈으로 빛이 들어가서 온몸이 밝게 빛나겠지만, 눈이 흐릿하면 빛이 들어가지 못해 몸도 어두울 것입니다. 그러므로 여러분 각자 안에 있는 빛이 어둡지는 않은지 살펴보십시오. 온몸이 어두운 데 하나 없이 밝다는 말은 마치 등불이 그 빛으로 여러분을 환하게 비출 때처럼 몸 전체가 온통 밝은 것입니다.”

바리새파 사람들을 책망하시다(11:37-44)

예수께서 말씀하고 계시는데 어떤 바리새파 사람이 함께 식사하자며 자기 집으로 예수를 초대했다. 그래서 예수께서 그 사람의 집에 들어가 식탁에 앉으셨다. 바리새파 사람들은 식사 전에 손을 씻는 의식을 으레 지켰는데, 예수께서 손도 씻지 않고 식사하시는 것을 보자 그 바리새파 사람은 깜짝 놀랐다. 이때 주님께서 그에게 말씀하셨다.

"바리새파에 속하는 당신들은 잔과 접시의 겉은 깨끗하게 닦습니다. 그러나 그 속은 당신들의 탐욕과 욕심으로 가득합니다. 어리석은 사람들! 겉을 만드신 분이 속도 만들지 않았습니까? 이제 당신들의 그릇에 담겨 있는 것을 가난한 이웃들에게 나눠주십시오. 그래야 겉과 속이 모두 깨끗해질 것입니다."

예수께서 계속 말씀하셨다.

"바리새파에 속한 당신들에게 화가 있습니다. 당신들은 십일조는 잘 바칩니다. 십일조 규정이 없는 박하와 운향 같은 사소한 약초라든지 온갖 채소까지도 십일조를 바치면서도, 정의를 행하는 일과 하나님을 사랑하는 일은 소홀히합니다. 물론 십일조를 바치는 일도 등한시해서는 안 되겠지만, 이러한 것도 반드시 행했어야 합니다.

바리새파에 속한 당신들에게 화가 있습니다. 당신들은 회당에서는 높은 자리에 앉기를 좋아하고, 사람들이 모이는 곳에서는 인사 받기를 좋아하기 때문입니다.

당신들에게 화가 있습니다. 당신들은 드러나지 않은 무덤과 같기 때문입니다. 차라리 무덤이라는 표시만 있어도 사람들이 밟지는 않을 텐데, 그래서 그들이 부정해질 일도 없을 텐데, 당신들은 아무런 표시도 없는 무덤 같아서 사람들이 알지도 못하고 그 위를 밟고 다닙니다. 그래서 결국은 당신들 때문에 부정해지니 말입니다."

율법교사들을 꾸짖으시다(11:45-54)

그러자 율법교사들 가운데 어떤 사람이 예수께 이렇게 항의했다.

"선생님, 선생님께서 그렇게 말씀하시면 우리까지도 모욕하시는 셈입니다."

예수께서 말씀하셨다.

"율법교사인 여러분에게도 화가 있습니다. 여러분은 들기도 힘든 짐을 사람들에게 지우면서도 여러분 자신은 그 짐에 손가락 하나조차 대지 않기 때문입니다.

여러분에게 화가 있습니다. 과거에 여러분의 조상들은 예언자들을 죽였고, 오늘날 여러분은 그 예언자들의 무덤을 만들어 기념한다지만, 조상들과 마찬가지로 여전히 예언자들을 받아들이지 않기 때문입니다. 결국 여러분은 여러분의 조상들이 저지른 일을 증언하는 증인입니다. 여러분의 조상들이 저지른 일에 찬동하는 셈입니다. 여러분의 조상들이 예언자들을 죽였고, 예언자들의 무덤을 여러분이 만드니 말입니다. 따라서 하나님의 지혜 역시 '내가 그들에게 예언자들과 사도들을 보낼 것이다. 그런데 그들은 어떤 예언자들과 사도들은 죽이고, 또 어떤 예언자들과 사도들은 박해할 것이다.' 하고 말씀하셨습니다. 이 세상의 기틀이 놓인 이래 하나님께서 보내신 모든 예언자들이 흘린 피에 대해서는 이 세대가 죗값을 치르게 되었습니다. 하벨의 피로부터 시작해 제단과 성소 사이의 뜰에서 돌에 맞아 죽은 예언자 자카리아스의 피에 이르기까지 말입니다. 그렇습니다. 내 말을 잘 들으십시오. 이 세대가 그 죗값을 치를 것입니다.

율법교사인 여러분에게 화가 있습니다. 지식으로 들어가는 문의 열쇠를 여러분이 없애버렸기 때문입니다. 그래서 여러분 스스로도 들어가지 못할 뿐만 아니라 들어가려는 사람들까지도 막아버리고 말았습니다."

예수께서 그 바리새파 사람의 집에서 나오실 때쯤에 율법학자들과 바리새파 사람들이 잔뜩 앙심을 품고서 여러 까다로운 질문을 예수께 퍼붓기 시작했다. 어떻게 해서든 예수의 입 밖으로 나오는 말에서 꼬투리를 잡으려고 노린 것이다.

바리새파 사람들의 위선을 조심하라고 가르치시다(12:1-3)

그러는 사이에 수만 명이나 되는 사람이 모여들어서 서로 밟고 밟히는 지경이 되었다. 이때 예수께서 먼저 제자들에게 말씀하셨다.

"그대들은 바리새파 사람들의 발효균을 조심하게. 그것은 다름 아닌 그들의 위선일세. 그들의 위선은 발효균 같아서 삽시간에 퍼진다네.

감춘 것이라 해도 드러나지 않을 것이 없고, 숨겨둔 것이라 해도 알려지지 않을 것이 없네. 그러니 그대들이 어두운 데서 말한 것을 사람들이 밝은 데서 들을 것이고, 그대들이 골방에서 귀에 대고 속삭인 것을 사람들이 지붕 위에서 크게 외칠 것이네."

누구를 두려워해야 하는지 가르치시다(12:4-12)

"나의 친구인 그대들에게 말하니 잘들 듣게. 몸은 죽여도 그 다음에 더 이상 아무것도 하지 못하는 사람들을 두려워하지 말게. 그들은 몸을 죽일 수 있을지 모르지만 영혼까지 죽이지는 못하네. 그대들이 누구를 두려워해야 하는지 보여주겠네. 몸을 죽인 뒤에 그것을 지옥에 내던질 권한을 가지신 분을 두려워하게. 그렇다네. 내 말을 잘 듣게. 바로 그분, 하나님을 두려워하게.

참새 다섯 마리•가 푼돈 두 푼에 팔리지 않는가? 심지어 그런 하찮은 새들 가운데 한 마리까지도 하나님께서는 잊지 않으신다네. 하나님께서는 그대들의 머리카락까지도 다 세고 계시니 두려워하지들 말게. 아무리 많은 참새 떼라 해도 그대들은 그것들과는 차원이 다르니 말일세."

"내 말을 잘들 듣게. 이 땅에서 누구든지 사람들 앞에서 나를 인정하면, 사람의 아들인 나 역시 심판의 날에 하나님의 천사들 앞에서 그 사람을 인정할 것이네. 그러나 누구든지 사람들 앞에서 나를 모르는 척하면, 나 곧 사람의 아들 역시 하나님의 천사들 앞에서 그 사람을 모르는 척할 것이네. 누구든지 사람의 아들을 거슬러서 말하는 사람은 용서받을 수 있겠지만, 누구든지 성령을 거슬러서 하나님을 모독하는 사람은 결코 용서받지 못할 것이네. 그대들이 회당에 끌려갈 때, 또는 관리들이나 통치자들 앞으로 끌려갈 때 '어떻게 변명할까?' 또는 '무슨 말을 할까?' 하고 걱정하지들 말게. 그대들이 말을 해야 할 바로 그 순간이 되면 무슨 말을 할지 성령께서 가르쳐주실 것이네."

참새 다섯 마리

"푼돈 두 푼"은 아사리우스 두 닢을 가리킨다. 아사리우스는 로마의 청동 화폐 단위이다. 아사리우스는 노동자들의 하루 임금인 데나리우스의 16분의 1로, 노동자들의 하루 임금을 5만 원으로 볼 때 약 3,000원에 해당한다. 따라서 참새 다섯 마리의 가치는 약 6,000원이 되며, 한 마리는 1,000원이 조금 넘는다.

어리석은 부자의 비유를 말씀하시다(12:13-21)

많은 사람 가운데 섞여 있던 어떤 사람이 예수께 이렇게 말했다.

"선생님, 제 형더러 저와 유산을 나눠 가지라고 말씀 좀 해주십시오."

"이보십시오. 내가 그대들 두 사람의 재판관이나 재산분배자 노릇이라도 해야 하겠습니까?"

예수께서는 이렇게 말씀하시고 다시 사람들을 향해 말씀하셨다.

"여러분, 명심하십시오. 온갖 탐욕을 멀리하십시오. 사람이 제아무리 부유하다고 해도 결국은 죽게 마련입니다."

그러고는 그들에게 비유를 하나 말씀하셨다.

"어떤 부자가 있었는데 그 사람의 밭에 풍년이 들었습니다. 그 부자는 속으로 '내가 거두어들인 이 많은 곡식을 쌓아둘 곳이 없으니 이를 어찌할까?' 하고 궁리하더니 이렇게 속삭였습니다. '그래. 이렇게 하면 되겠구나. 이 창고를 헐고 더 큰 창고를 지어야지. 그래서 거기에 내 곡식과 온갖 좋은 물건들을 쌓아두어야겠다. 그리고 나 스스로에게 이렇게 말하면 되겠구나. 너! 좋은 물건을 많이 가지고 있구나. 여러 해 동안 실컷 쓸 만큼 쌓여있어. 그러니 이제 일하지 말고 푹 쉬어라. 그저 실컷 먹고 마셔

라. 마음껏 놀아라.' 그런데 그때 하나님께서 이렇게 말씀하셨습니다. '이 어리석은 놈! 바로 오늘 밤 죽음의 사자들이 네 목숨을 빼앗으러 온단 말이다. 그러면 네가 장만한 재물이 누구의 것이 되겠느냐?' 자기를 위해서는 재물을 쌓아두면서도 하나님께 넉넉하게 굴지 못하는 사람은 이와 같습니다."

무엇을 추구하며 살지 가르치시다(12:22-34)

예수께서 이번에는 자기 제자들에게 말씀하셨다.

"그러니 잘들 듣게. 그대들은 목숨을 부지하기 위해 무엇을 먹을까 걱정하지 말고, 또 몸을 보호하기 위해 무엇을 걸칠까 걱정하지 말게. 목숨이 음식보다 더 귀하고, 몸이 옷보다 더 귀하다네. 까마귀들을 유심히 보게. 까마귀들은 씨를 뿌리는 법도 없고 곡식을 거두어들이는 법도 없지. 그것들에게는 창고도 없고 곳간도 없지만 하나님께서 까마귀들을 먹여주시지. 그런데 그대들은 어떠한가? 그대들은 새들보다 훨씬 더 소중하다네. 그것들과는 차원이 다르지. 그대들 가운데서 누가 걱정한다고 해서 자기 수명을 조금이라도 늘릴 수 있겠는가? 그대들은 어찌 지극히 하찮은 일도 하지 못하면서, 여러 가지 다른 일까지 걱정하는가?

백합화들이 어찌 자라는지 유심히 보게. 그것들은 수고스럽게 일하는 법도 없고 실을 짜는 법도 없지. 내 말을 잘들 듣게. 온갖 영광 가운데 살았던 솔로몬도 이 한 송이 꽃만큼 아름답게 차려입지는 못했네. 믿음이 적은 그대들이여! 오늘 피어 있지만 내일이면 아궁이에 던져질 들풀도 하나님께서 이렇게 입히시는데, 하물며 그대들은 얼마나 더 잘 입히시겠는가! 그러니 그대들은 무엇을 먹을까, 무엇을 입을까 찾아보지도 말고 걱정하지도 말게. 이 모든 것은 세상 사람들이나 찾는 것이라네. 그대들의 아버지께서는 이것들이 그대들에게 필요하다는 것을 다 아신다네. 오히려 그대들은 하나님 나라를 찾아보게. 그러면 하나님께서 그대들에게 이것들, 그러니까 먹고 입을 것까지 더해주실 것이네.

두려워하지들 말게. 그대들은 미약한 무리이지만 그대들의 아버지께서 그 나라를 그대들에게 기꺼이 주시기로 하셨네. 그러니 그대들은 가진 것을 팔아 가난한 이웃들에게 나누어주게. 그대들 스스로를 위해 마르지 않는 돈주머니와 축나지 않는 보물창고를 하늘에 마련하게. 거기에는 도둑이 얼씬도 못할 뿐만 아니라 좀먹는 일도 없다네. 그대들의 보물창고가 있는 바로 그곳에 그대들의 마음도 있는 법이네."

깨어 있는 종들의 비유를 말씀하시다(12:35-40)

"그대들은 허리띠를 동여 매무새를 단정히 하고 등불을 켜놓고 단단히 준비하고 있게. 결혼식에 갔다 돌아오는 주인을 기다리는 종들처럼 말일세. 주인이 돌아와 문을 두드리면 곧바로 문을 열어줄 수 있도록 말이네. 주인이 돌아와서 종들이 깨어 있는 것을 보면 그 종들은 복을 받을 것이네. 내 말을 정말 잘들 듣게. 오히려 그 주인이 허리띠를 동여 매무새를 단정히 하고 그 종들을 식탁에 앉혀 접대할 것이네. 그들 곁에 붙어서 시중을 들 것이네. 그 주인이 한밤중에 또는 새벽녘에 돌아왔는데도 종들이 깨어 있는 것을 보면 그들은 복을 받을 것이네. 명심들 하게. 몇 시에 도둑이 들지 집주인이 알았더라면 자기 집이 뚫리도록 내버려두지 않았을 것이네. 그러니 그대들도 준비하게. 그대들이 생각하지도 않은 때에 내가, 곧 사람의 아들이 다시 올 것이네."

믿음직한 관리인과 믿음직하지 못한 관리인의 비유를 말씀하시다(12:41-48)

이때 페트로스가 예수께 물었다.

"주님, 이 비유를 우리에게만 말씀하시는 것입니까? 아니면,

모든 사람이 들으라고 말씀하시는 것입니까?"

그러자 예수께서 비유 하나를 더 말씀하셨다.

"과연 어떤 사람이 믿음직하고 지혜로운 관리인이겠는가? 주인이 자기에게 다른 종들을 맡기고 그들에게 제때 음식을 내어주라고 하고 떠났다면, 어떻게 하는 관리인이 믿음직한 관리인이겠나? 주인이 와서 그 관리인이 자기가 시킨 대로 하는 것을 보면 그 종은 복을 받을 것이네. 진심으로 그대들에게 말하니 잘들 듣게. 그렇게 되면 주인이 자기의 전 재산을 그에게 맡길 것이네. 그런데 그 관리인이 마음속으로 '주인이 오는 데 시간이 좀 걸리겠지.' 하고 중얼거리며, 그때부터 자기 밑에서 일하는 남종들과 여종들을 때릴 뿐 아니라 자기 혼자 실컷 먹고 마시며 취한다면, 그가 예상하지도 못하는 날과 알지도 못하는 시각에 주인이 돌아와서 그 관리인을 가혹하게 징계하고 믿지 못할 사람들이 받을 벌을 받게 할 것이네. 주인의 뜻을 알고도 아무런 준비도 하지 않거나 주인의 뜻대로 행동하지 않는 종은 많이 맞을 것이네. 그러나 알지 못하고 맞을 짓을 한 종은 적게 맞을 것이네. 누구든지 많이 받은 사람에게 사람들은 많은 것을 기대하고, 많이 맡은 사람에게는 더 많은 것을 요구하는 법이지."

분열을 일으키러 오셨다(12:49-53)

“나는 세상에 불을 지르러 왔네. 그러니 이미 불이 붙었다면 내가 무엇을 더 바라겠는가! 그러나 내가 아직 받아야 할 세례가 있는데, 바로 고난의 세례라네. 그 일이 다 완수될 때까지 내가 얼마나 많은 괴로움을 당하겠는가! 그대들은 내가 이 땅에 평화를 주러 왔다고 생각하는가? 그렇지 않네. 내 말을 잘들 듣게. 오히려 분열을 일으키려고 내가 왔네. 이제부터는 한 집안의 다섯 식구가 갈라서서, 세 사람이 나머지 두 사람을 적대하고, 두 사람이 또 세 사람을 적대할 것이네. 식구들이 다들 뿔뿔이 갈라설 터인데, 아버지가 아들을 적대하고 아들이 아버지를 적대하며, 어머니가 딸을 적대하고 딸이 어머니를 적대하며, 시어머니가 며느리를 적대하고 며느리가 시어머니를 적대할 것이네.”

때를 분간하라고 가르치시다(12:54-56)

예수께서는 많은 사람에게 이렇게 말씀하셨다.

“여러분은 서쪽 하늘에 구름이 잔뜩 끼는 것을 보면 ‘소나기가 오겠구나.’ 하고 곧바로 말합니다. 그러면 정말 그대로 됩니다. 또 남풍이 불면 ‘날이 몹시 덥겠구나.’ 하고 말합니다. 그러면 또 정말 그렇게 됩니다. 이 위선자들! 여러분은 하늘과 땅의 징조로 기상을 예측할 줄은 알면서도 무슨 일이 벌어지고 있는지 어찌 알지 못합니까?"

화해하라고 가르치시다(12:57-59)

"여러분은 어찌 무엇이 옳은 일인지 스스로 알아서 판단하지 못합니까? 누군가 당신을 고소해서 당신이 그 사람과 함께 법정에 가게 될 일이 생기거든, 그리로 가는 길에서라도 그 사람이 고소를 취하하도록 모든 수단을 강구하십시오. 그렇지 않으면 그가 당신을 재판관에게 끌고 갈 것이고, 재판관은 당신을 교도관에게 넘길 것이며, 교도관은 당신을 감옥에 처넣을 것입니다. 내 말을 잘 들으십시오. 여러분이 마지막 한 푼까지 다 갚기 전에는 결코 거기서 나오지 못할 것입니다."

회개하라고 가르치시다(13:1-5)

바로 그 순간에 몇 사람이 와서는 비참하게 학살당한 갈릴래아 사람들의 소식을 예수께 전했다. 유대아와 사마리아 지역을 관할하던 로마의 총독 필라투스가 예루살렘 성전에서 제사를 드리던 갈릴래아 사람들을 무자비하게 학살했다는 것이다. 그러자 예수께서 그들에게 말씀하셨다.

"이 갈릴래아 사람들이 다른 갈릴래아 사람들보다 죄가 더 많아서 이런 봉변을 당했다고 생각하십니까? 그렇지 않습니다. 내 말을 잘 들으십시오. 여러분도 회개하지 않으면 모두가 이렇게 죽을 것입니다. 또 실로암 연못 앞에 있던 감시탑이 무너져 깔려 죽은 18명의 사람이 예루살렘에 사는 다른 모든 사람보다 죄가 더 많다고 생각하십니까? 그렇지 않습니다. 내 말을 잘 들으십시오. 여러분도 회개하지 않으면 모두가 이렇게 죽을 것입니다."

열매를 맺지 못하는 무화과나무 비유를 말씀하시다(13:6-9)

예수께서 이런 비유를 말씀하셨다.

"어떤 사람에게 포도를 재배하는 밭이 있었는데, 거기에는 무화과나무가 한 그루 자라고 있었습니다. 포도밭 주인이 그 나무에 무화과 열매가 열렸는지 가서 살펴보았는데 열매가 하나도 보이지 않았습니다. 그러자 그는 포도원지기에게 '이보게, 이 무화과나무에서 열매를 따볼까 하고 와본 것이 벌써 3년째인데, 열매를 본 일이 한 번도 없군. 그러니 이 나무를 찍어버리도록 하게. 무엇 때문에 괜히 땅만 놀리겠나?' 하고 말했습니다. 그러자 포도원지기가 그에게 '주인님, 올해도 이 나무를 그냥 놔두십시오. 그동안 제가 나무 둘레의 땅을 고르고 거름을 줘보겠습니다. 그러면 내년에는 열매를 맺을 수 있을지도 모릅니다. 그래도 열매를 맺지 못하면 그때 가서 찍어버리십시오.' 하고 말했습니다."

등이 굽은 여인을 고치시다(13:10-17)

예수께서 안식일에 어떤 회당에서 가르치고 계셨다. 거기에는 귀신이 들려 18년 동안이나 앓고 있는 여인이 있었다. 그 여인은 허리가 굽어서 몸을 제대로 펴지 못했다. 예수께서 이 여인을 보시고 가까이 오라고 부르셨다. 그리고 이렇게 말씀하시며 그 여인 위에 두 손을 얹으셨다.

"여인이여, 그대는 병에서 풀려났습니다."

그러자 그 여인은 곧바로 허리를 펴고 하나님께 영광을 돌렸다. 그런데 회당장은 예수께서 안식일에 병 고치는 것을 보고 격분해서 사람들에게 말했다.

"우리가 일하는 날이 6일이나 됩니다. 그러니 안식일 말고 평일에 와서 병을 고쳐달라고 하시오."

그러자 주님께서 대답하셨다.

"이 위선자들! 여러분 가운데 과연 누구 한 사람이라도 안식일이라고 해서 일하지 않는 사람이 있습니까? 누구나 안식일에 자기 외양간에 묶인 소나 나귀를 풀어서 끌고 나와 물을 먹이지 않습니까? 이 여인도 아브라함의 자손입니다. 10년하고도 8년 동안이나 사탄이 이 여인을 옥죄었습니다. 아무리 안식일이

라고 해도, 이 여인이 사탄의 굴레에서 풀려나야 하지 않겠습니까?"

예수께서 이렇게 말씀하시니 예수를 적대시하던 모든 사람이 망신을 당했다. 그러나 거기 있던 다른 모든 사람은 예수께서 하시는 온갖 영광스러운 일을 보고 기뻐했다.

겨자씨와 발효균의 비유를 말씀하시다(13:18-21)

그러고 나서 예수께서 이렇게 말씀하셨다.

"하나님 나라가 무엇과 같겠습니까? 무엇에 비길 수 있겠습니까? 하나님 나라는 마치 겨자씨가 자라나는 것과 같습니다. 어떤 사람이 겨자씨를 가져다가 자기 밭에 심었는데 그것이 자라서 나무가 되었습니다. 그러자 하늘을 나는 새들이 그 나뭇가지에 둥지를 틀었습니다."

예수께서 다시 말씀하셨다.

"하나님 나라를 무엇에 비길 수 있겠습니까? 하나님 나라는 마치 발효균이 반죽을 부풀게 하는 것과 같습니다. 어떤 여인이 발효균을 조금 가져다가 10킬로그램•이나 되는 밀가루 반죽에 섞어 넣었습니다. 그러자 반죽이 온통 부풀어 올랐습니다."

좁은 문으로 들어가라고 가르치시다(13:22-30)

예수께서 여러 마을과 동네에 들러 가르치시며 예루살렘을 향해 나아가셨다. 그런데 어떤 사람이 예수께 물었다.

"주님, 소수의 사람들만 구원받게 됩니까?

그러자 예수께서 사람들에게 이렇게 대답하셨다.

"하나님 나라로 들어가는 문은 좁습니다. 그러니 여러분은 아무리 문이 좁더라도 어떻게든 비집고 안으로 들어가도록 있는 힘을 다하십시오. 제 말을 잘 들으십시오. 들어가려고 해도 들어가지 못할 사람이 많을 것입니다. 집주인이 일어나서 문을 잠근 뒤에는 여러분이 밖에 서서 문을 두드리며 '주인님, 우리가 밖에 있습니다. 문 좀 열어주십시오.' 하고 아무리 졸라대도 집주인은 '당신들이 어디서 온 사람들인지 나는 알지 못하오.' 하고 대답할 것입니다. 여러분이 '우리는 주인님께서 보시는 앞에

10킬로그램

그리스어 성경에는 '3사톤'으로 나온다. '사톤'은 부피를 재는 단위로, 1사톤은 대략 7리터이다. 따라서 본문에서 언급되는 밀가루의 양을 무게로 환산해보면 대략 10킬로그램이며(밀가루 1리터는 약 500그램이다), 적은 양의 발효균(이스트)이 많은 양의 밀가루를 부풀어 오르게 한다는 사실이 강조된다.

서 먹고 마셨으며, 주인님께서는 우리 동네 공터에서 가르치셨습니다.' 하고 말하겠지만, 집주인은 여러분에게 '당신들이 어디서 온 사람들인지 나는 알지 못하오. 모두 내 앞에서 썩 물러가시오. 이 나쁜 짓을 일삼는 놈들!' 하고 말할 것입니다. 아브라함과 이사아크와 야콥과 모든 예언자가 하나님 나라에 있는데 여러분만 바깥으로 쫓겨나는 것을 여러분이 볼 것입니다. 그때 여러분은 거기 바깥에서 통곡하며 이를 갈 것입니다. 동서남북 사방에서 사람들이 몰려와 하나님 나라에서 벌어지는 잔치에 참여할 것입니다. 정말로 지금은 꼴찌이지만 나중에 첫째가 될 사람들이 있고, 반대로 지금은 첫째이지만 나중에 꼴찌가 될 사람들이 있습니다."

예루살렘을 보고 한탄하시다(13:31-35)

바로 그때 몇몇 바리새파 사람들이 예수께 다가와서 말했다.

"이 지역을 떠나 다른 곳으로 가십시오. 이곳은 헤로데스 왕•이 다스리는 땅 아닙니까? 그가 선생님을 죽이려고 합니다."

예수께서 그들에게 이렇게 대답하셨다.

"여러분은 여우같이 간사한 헤로데스에게 가서 '오늘과 내일은 내가 귀신을 쫓아내거나 병을 말끔히 고쳐주겠고, 3일째 되는 날에는 내 일을 완성할 것이다.' 하고 전하십시오. 그러나 오늘이나 내일이나 모레나 나는 예루살렘을 향해 묵묵히 나의 길을 가야 하겠습니다. 예언자가 예루살렘이 아닌 다른 곳에서 죽을 수는 없기 때문입니다."

예수께서는 이 말씀을 하시고 예루살렘을 보고 한탄하셨다.

"예루살렘아, 예루살렘아! 너는 예언자들을 죽이고, 하나님께서 네게 보내신 사람들을 돌로 치는구나! 내가 몇 번이나 네 자녀를 모아 내 품에 품으려 했던가! 마치 암탉이 자기 새끼들을 날개 아래 품듯이 말이다!"

예수께서 다시 그들에게 말씀하셨다.

"그러나 여러분은 내가 이렇게 하기를 바라지 않았습니다. 이제 보십시오. 하나님께서 여러분의 집인 성전을 버리실 것입니다. 내 말을 잘 들으십시오. 여러분이 '주님의 이름으로 오시는 분, 찬양받으소서.' 하고 말하는 그때까지 여러분은 결코 나를 보지 못할 것입니다."

헤로데스 왕

위의 본문에 나오는 '헤로데스 왕'은 헤로데스 대왕의 아들로, 기원전 4년부터 기원후 39년까지 로마의 분봉왕 자격으로 갈릴래아와 베로이아 지역을 통치한 헤로데스 안티파스이다.

수종병 환자를 고치시다(14:1-6)

어느 안식일이었다. 예수께서 바리새파 지도자들 가운데 하나인 어떤 사람의 집에 들어가 음식을 드시게 되었는데, 사람들이 예수를 지켜보고 있었다. 그런데 온몸이 퉁퉁 붓는 수종병에 걸린 어떤 사람이 예수 앞에 있었다. 그때 예수께서 율법교사들과 바리새파 사람들에게 물으셨다.

"안식일에 병을 고치는 것이 옳습니까, 옳지 않습니까?"

그들은 아무 말도 하지 못하고 잠잠했다. 그러자 예수께서는 그 병든 사람을 데려다가 고쳐주신 뒤에 돌려보내시고는 그들에게 말씀하셨다.

"여러분 가운데 누구든지 자기 아들이나 소가 우물에 빠졌다면 안식일이라 해도 당장 끌어올리지 않겠습니까?"

그들은 예수의 이 말씀에 아무런 대꾸도 할 수 없었다.

낮은 자리에 앉으라고 가르치시다(14:7-14)

초대를 받은 사람들이 저마다 높은 자리를 골라 앉는 것을 예수께서 보시고 그들에게 비유를 하나 말씀하셨다.

"누가 그대를 결혼식에 초대하거든 높은 자리에 앉지 마십시오. 그대보다 더 귀한 손님이 초대받아 온다면, 그대와 그 사람을 초대한 사람이 와서 그대에게 '이분께 자리를 좀 내어드리게.' 할지도 모릅니다. 그러면 그대는 수치스러워하며 가장 낮은 자리로 내려앉게 될 것입니다. 초대를 받거든 오히려 가장 낮은 자리에 앉으십시오. 그러면 그대를 초대한 사람이 와서 그대에게 '여보게, 더 윗자리로 올라앉으시게!' 하고 말할 것입니다. 그렇게 되면 함께 식탁에 둘러앉은 모든 사람이 보는 앞에서 그대가 영광을 받을 것입니다. 누구든지 자기를 높이는 사람은 낮아지고, 자기를 낮추는 사람은 높아질 것입니다."

예수께서는 자기를 초대한 사람에게도 말씀하셨다.

"그대는 점심식사나 저녁 만찬을 베풀 때에 그대의 친구나 형제, 친척이나 부유한 이웃들을 부르지 마십시오. 그들 역시 답례로 그대를 초대함으로써 그대가 보답을 받게 될 것입니다. 그러니 잔치를 베풀 때는 가난한 사람들, 신체적으로 장애를 가진 사람들, 다리를 저는 사람들, 앞을 보지 못하는 사람들을 부르십시오. 그리하면 그대는 복을 받을 것입니다. 그들은 그대에게 갚을 길이 없지만 의로운 사람들이 부활할 때 하나님께서 갚아 주실 것이기 때문입니다."

큰 잔치의 비유를 말씀하시다(14:15-24)

식탁에 함께 둘러앉아 있던 사람 가운데 하나가 이 말씀을 듣고 예수께 말했다.

"하나님 나라에서 음식을 먹을 사람은 행복한 사람입니다."

그러자 예수께서 그에게 이렇게 말씀하셨다.

"어떤 사람이 큰 잔치를 베풀고 많은 사람을 초대했습니다. 잔치를 시작할 시간이 되자 그는 초대받은 사람들에게 자기 종을 보내 '어서 오십시오. 준비가 다 되었습니다.' 하고 말하도록 했습니다. 그런데 그들 모두 하나같이 못 간다는 핑계를 대기 시작했습니다. 첫 번째 사람은 '내가 밭을 샀는데 거기 가보아야 하오. 부디 양해해주시오.' 하고 그 종에게 말했습니다. 또 다른 사람은 '내가 소 10마리•를 샀는데 그것들을 부려보러 가야 하오. 부디 양해해주시오.' 하고 말했습니다. 또 다른 사람은 '내가 결혼해 아내를 맞아들여서 갈 수가 없소.' 하고 말했습니다. 종이 돌아와서 자기 주인에게 그대로 전했습니다. 그러자 집주인

소 10마리

그리스어 성경에는 '겨릿소 5쌍'으로 되어 있다. '겨리'란 소 두 마리가 끄는 쟁기를 일컬으며, 겨리를 끄는 소 두 마리를 '겨릿소'라 한다.

은 화를 내며 이렇게 말했습니다. '당장 마을의 넓은 공터와 골목으로 나가서 가난한 사람들과 신체적으로 장애를 가진 사람들, 앞을 보지 못하는 사람들과 다리를 저는 사람들을 이리로 데려와라!' 종이 그렇게 한 뒤에 주인에게 '주인님, 분부하신 대로 다 했는데도 아직 빈 자리가 있습니다.' 하고 말했습니다. 그러자 주인은 '길거리와 담벼락 밑에도 가서 사람들을 억지로라도 데려와라. 그래서 내 집이 가득 차도록 하라.'라고 종에게 말했습니다. 여러분, 내 말을 잘 들으십시오. 처음에 초대받은 사람들 가운데에서 내 잔치를 맛볼 사람은 한 사람도 없습니다."

제자가 되는 길을 가르치시다(14:25-35)

많은 사람이 예수와 함께 길을 가고 있었는데, 예수께서 그들을 돌아보시며 이렇게 말씀하셨다.

"누구든지 내게로 온다고 하면서도, 자기 아버지나 어머니, 배우자, 자녀, 형제, 자매뿐 아니라 심지어는 자기 목숨마저 미워하지 않으면 내 제자가 될 수 없습니다. 누구든지 자기 십자가를 지고 나를 따르지 않으면 내 제자가 될 수 없습니다."

"여러분 가운데 누가 탑을 세우고자 한다면, 그것을 완공할 비용이 자기에게 충분한지 먼저 가만히 앉아 신중하게 계산하지 않겠습니까? 그렇게 하지 않고 무작정 기초만 놓아서 결국 탑을 완공하지 못하면, 보는 사람마다 '이 사람이 집을 완공할 재력도 없으면서 무작정 시작만 했구나.' 하고 말하며 비웃을 것입니다. 또 어떤 왕이 다른 왕과 싸우러 전쟁터로 나가면서, 군사 2만 명을 이끌고 자기를 향해 진격해오는 적국의 왕을 자기가 군사 1만 명으로 당해낼 수 있을지, 가만히 앉아 신중하게 헤아려보지 않겠습니까? 도저히 당해낼 수 없을 것 같으면 적국의 왕이 아직 멀리 있을 때 사신을 보내 화친을 요청하게 마련입니다. 이와 마찬가지로 여러분 가운데 누구든지 자기가 가진 것을 다 버리지 않으면 내 제자가 될 수 없습니다."

"소금은 좋은 것입니다. 그러나 소금이 짠맛을 한번 잃어버리면 무엇으로 그 짠맛을 되살리겠습니까? 짠맛을 잃은 소금은 땅에도 쓸모없고 거름으로도 쓸모가 없어서 사람들이 그것을 밖에 내다 버립니다. 들을 귀가 있는 사람은 들으십시오."

잃었다가 되찾은 양의 비유를 말씀하시다(15:1-7)

세금징수업자들과 부정한 사람들이 모두 예수의 말씀을 듣기 위해 가까이 몰려들고 있었다. 그러자 바리새파 사람들과 율법학자들이 투덜거리며 말했다.

"예수라는 이 사람이 부정한 자들을 맞아들이고 그들과 어울려 함께 식사하는구나!"

그래서 예수께서 그들에게 이 비유를 말씀하셨다.

"여러분 가운데 어떤 사람에게 양 100마리가 있는데, 그 가운데 한 마리를 잃어버렸다고 합시다. 그러면 그 사람은 99마리를 들판에 남겨둔 채로 잃어버린 양 한 마리를 찾을 때까지 여기저기 헤매며 다니지 않겠습니까? 그러다 양을 찾으면 기뻐서 그 양을 자기 어깨에 메고 집으로 돌아와 친구들과 이웃들을 불러 모아놓고는 '나와 함께 기뻐해주십시오. 잃었던 내 양을 되찾았습니다.' 하고 말할 것입니다. 여러분, 잘 들으십시오. 이와 같이 하늘에서는 회개할 필요가 없는 의인 99명보다 회개하는 죄인 한 사람을 두고 더 크게 기뻐할 것입니다."

잃었다가 되찾은 은화의 비유를 말씀하시다(15:8-10)

"어떤 여인에게 드라크마•라는 은화 10닢이 있었습니다. 그중 하나를 잃어버리면 등불을 켜고 집안을 샅샅이 쓸며 그것을 찾을 때까지 부지런히 뒤지지 않겠습니까? 그러다가 은화를 찾으면 친구들과 이웃들을 불러 모아놓고는 '나와 함께 기뻐해주십시오. 잃었던 내 드라크마를 되찾았습니다.' 하고 말할 것입니다.

여러분, 잘 들으십시오. 이와 같이 회개하는 죄인 한 사람을 두고 하나님의 천사들이 크게 기뻐할 것입니다."

잃었다가 되찾은 아들의 비유를 말씀하시다(15:11-32)

예수께서 또 말씀하셨다.

"어떤 사람에게 아들이 둘 있었습니다. 그런데 하루는 작은 아들이 아버지에게 '아버지, 아버지의 재산 가운데 제가 물려받을 몫을 지금 주십시오.' 하고 말했습니다. 그래서 아버지는 큰아들과 작은아들에게 재산을 각각 나눠주었습니다. 며칠 지나지 않아 작은아들은 제 것을 다 챙겨서 먼 지방으로 떠났습니다. 그는 거기서 자기 재산을 흥청망청 뿌려대며 방탕하게 살았습니다. 전 재산을 탕진했을 무렵 마침 그 지방에 큰 흉년이 들었고, 그는 아주 궁핍한 처지에 놓이게 되었습니다. 그는 그 지방

드라크마

드라크마는 은으로 만든 그리스 화폐이다. 한 드라크마는 로마 화폐 데나리우스와 같은 가치를 지녔다. 당시에 사람들은 드라크마 10개를 꿰어 머리 장식품을 만들었다.

에 사는 어떤 주민의 집에 얹혀살았습니다. 그 주민은 그 작은아들을 자기 농장으로 보내서 돼지를 치게 했습니다. 돼지가 먹는 콩꼬투리 열매라도 먹고 배를 채우고 싶었으나 그에게 먹을 것을 주는 사람이 아무도 없었습니다. 그제야 그는 제정신이 들어서 혼잣말로 이렇게 말했습니다. '아버지의 그 많은 일꾼들에게는 음식이 남아도는데 나는 여기서 굶어 죽는구나! 당장 일어나 아버지께 가서 이렇게 말씀드려야겠다. 아버지, 제가 하늘의 뜻을 거스르는 죄를 지었고, 또 아버지께도 죄를 지었습니다. 더 이상 저는 아버지의 아들이라 불릴 자격이 없습니다. 저를 그저 많은 일꾼 가운데 하나로 삼아주십시오.' 그는 일어나 자기 아버지에게로 갔습니다. 작은아들이 아직 멀리 있는데, 아버지가 그를 알아보았습니다. 아버지는 측은한 마음에 작은아들에게 달려가서 그의 목을 끌어안고는 입을 맞추었습니다. 그때 작은아들이 아버지에게 말했습니다. '아버지, 제가 하늘의 뜻을 거스르는 죄를 지었고, 또 아버지께도 죄를 지었습니다. 더 이상 저는 아버지의 아들이라 불릴 자격이 없습니다.' 그러나 아버지는 종들에게 이렇게 말했습니다. '어서 가장 좋은 옷을 꺼내 내 아들에게 입혀라. 그의 손에는 반지를 끼우고 발에는 신을 신겨라. 살진 송아지를 끌고 와서 잡아라. 실컷 먹으며 즐기자! 나의 이 아들이 죽었다가 다시 살아났다. 내가 잃어버렸다가 되찾았다.' 그래서 그들은 잔치를 벌였습니다. 그때 큰아들은 밭에 있었습니다. 큰아들이 밭에서 돌아와 집 가까이에 이르렀을 때에 음악 소리와 춤추는 소리가 들렸습니다. 그래서 그는 하인을 불러서 무슨 일인지 물어보았습니다. 하인이 그에게 '아우님이 돌아왔습니다. 작은아드님이 건강하게 돌아오셨다고 해서 주인님 아버님께서 살진 송아지를 잡게 하셨습니다.' 하고 말했습니다. 큰아들은 단단히 화가 나서 안으로 들어가려 하지 않았습니다. 아버지가 밖으로 나와 큰아들을 달랬지만 그는 아버지에게 이렇게 말했습니다. '저는 이렇게 여러 해 동안 아버지를 섬기고 있고 아버지의 분부를 한 번도 소홀히한 적이 없습니다. 그렇지만 아버지께서는 친구들과 즐기라고 저에게 새끼 염소 한 마리도 내어주신 적이 없습니다. 그런데 몸 파는 여자들과 어울리며 아버지의 재산을 다 날려버린 아버지의 작은아들이 오니까, 그 녀석을 위해서는 살진 송아지를 잡게 하셨습니다.' 그러자 아버지는 큰아들에게 이렇게 말했습니다. '얘야, 너는 나와 늘 함께 있지 않니? 그러니 내가 가진 모든 것이 다 네 것이란다. 그런데 네 동생은 죽었다가 다시 살아나지 않았니. 내가 그를 잃어버렸다가 되찾았단다. 그러니 즐거워하고 기뻐하는 것이 당연하지.'

불의한 관리인의 비유를 말씀하시다(16:1-13)

또한 예수께서는 제자들에게도 이렇게 말씀하셨다.

"어떤 부자가 있었지. 그 부자는 집안일을 맡아서 관리하는 사람을 하나 두고 있었네. 그런데 이 관리인이 자기 재산을 낭비한다는 소문이 들려왔네. 그래서 주인은 관리인을 불러다놓고 '자네에 대한 이런 소문이 들리는데 어찌 된 일인가? 자네는 더 이상 관리 일을 맡을 수 없으니 이제 자네가 한 일에 대해 변명이라도 한번 해보게.' 하고 말했네. 그러자 관리인은 속으로 이런 생각을 했네. '집안일을 관리하는 나를 주인이 자르려고 하니 어찌해야 좋을까? 땅을 파자니 힘에 부치고, 빌어먹자니 낯부끄럽구나. 그래, 어찌해야 할지 알겠다. 내가 이 집에서 쫓겨날 때 사람들이 나를 자기네 집으로 맞아주도록 해야겠다.' 그래서 관리인은 자기 주인에게 빚진 사람들을 하나씩 불러냈지. 그는 첫 번째 사람에게 '우리 주인에게 얼마나 빚을 졌습니까?' 하고 물었네. 그가 '올리브 기름 2,000리터•입니다.' 하고 대답하자, 관리인은 그 사람에게 '자, 여기 당신의 빚 문서를 받으십시오. 그리고 어서 앉아 1,000리터라고 적으십시오.' 했네. 그리고 다른 사람에게 '당신은 얼마나 빚을 졌습니까?' 하고 물으니, 그 사람은 '밀 20톤•입니다.' 하고 대답했네. 그러자 관리인은 '여기 당신의 빚 문서를 받고 15톤이라고 적으십시오.' 했네."

비유를 마치고 주님께서는 그 불의한 관리인을 칭찬하셨다. 그가 영악하게 대처했기 때문이다. 이 시대에는 세상에 속한 자녀들이 빛의 자녀들보다 더 영악하기 때문이다.

"그러니 내 말을 잘들 듣게. 세상 재물로 친구들을 사귀게. 그래야 재물이 떨어질 때 그들이 그대들을 그들의 영원한 처소로 받아들일 것이네. 지극히 작은 일에 충실한 사람은 큰 일에도 충실하며, 지극히 작은 일에 부정직한 사람은 큰 일에도 부정직하다네. 혹시라도 그대들이 세상 재물에 충실하지 못했다면 누가 그대들에게 참된 것을 맡기겠는가? 또 그대들이 남의 일에 충실하지 못했다면 누가 그대들에게 그대들의 몫인들 내어주겠는가? 두 주인을 섬길 수 있는 종은 한 사람도 없다네. 한쪽을 미워하고 다른 쪽을 사랑하거나, 한쪽에 딱 달라붙어서 다른

Tip

기름 2,000리터

그리스어 성경에는 '기름 100바토스'로 되어 있다. 바토스는 액체를 측량하는 단위로 1바토스는 대략 22리터이다.

밀 20톤

그리스어 성경에는 '밀 100코로스(코르)'로 되어 있다. 코로스는 고체를 측량하는 단위로 1코로스는 대략 400리터이며, 밀가루 100코로스를 환산하면 약 20톤이다.

쪽을 얕잡아보게 마련이지. 그대들은 하나님과 재물을 동시에 섬길 수 없네."

율법과 하나님 나라와 재혼에 대해 가르치시다(16:14-18)

돈을 좋아하는 바리새파 사람들이 이 모든 말씀을 듣고 예수를 비웃었다. 그래서 예수께서 그들에게 여러 가지 말씀을 하셨다.

"여러분은 사람들 앞에서 스스로 의롭다고 하는 사람들입니다. 그러나 하나님께서는 여러분의 마음을 다 아십니다. 사람들 사이에서 높게 평가되는 것이 하나님이 보시기에는 혐오스럽습니다."

"옛 시대를 대표하는 율법과 예언서는 세례자 요하네스의 때까지만 유효합니다. 그 뒤로부터는 하나님 나라에 대한 기쁜 소식이 선포되고 있는데, 모두들 억지로라도 하나님 나라에 들어가려고 애쓰고 있습니다."

"율법에서 획 하나가 빠지는 것보다 하늘과 땅이 사라지는 것이 더 쉽습니다."

"자기 아내와 이혼하고 다른 여자와 결혼하는 사람은 바람을 피우는 것입니다. 또한 이혼한 여자와 결혼하는 사람도 바람을 피우는 것입니다."

부자와 거지 라자로스의 비유를 말씀하시다(16:19-31)

"어떤 부자가 있었습니다. 그는 값비싼 자주색 옷과 고운 베옷을 입고 매일 호사스럽게 즐겼습니다. 한편 그의 집 대문 앞에는 부스럼투성이 거지가 자리 잡고 있었는데, 그의 이름은 라자로스였습니다. 그 거지는 부자의 식탁에서 떨어지는 부스러기로라도 배를 채우고자 했습니다. 그런데 개들이 몰려와서 거지의 부스럼을 핥아댔습니다. 그러다가 거지가 죽었고, 천사들이 그를 아브라함의 품으로 인도했습니다. 부자도 죽어서 땅에 묻혔습니다. 부자가 죽음의 세계 하데스에서 고통을 당하다가 눈을 들어 바라보니 저 멀리 떨어진 곳에 아브라함이 보였고 그의 품에 거지 라자로스가 있었습니다. 그래서 그는 크게 소리를 질렀습니다. '아브라함 조상님, 저를 불쌍히 여겨주십시오. 라자로스를 이리로 보내주십시오. 그가 자기 손가락 끝에 물을 묻혀다가 내 혀에라도 찍어서 나를 좀 시원하게 하도록 말입니다. 제가 이 불길 속에서 심하게 고통을 당하고 있습니다.' 아브라함이 대답했습니다. '얘야, 되돌아보아라. 살아생전 너는 좋은 것을 다 누렸지만 라자로스는 온갖 불행을 겪지 않았느냐? 그러니 라자로스는 지금 여기서 위로를 받고 있고 너는 고통을 받고 있다. 더군다나 우리와 너희 사이에는 큰 구렁텅이가 있어서 누구든 여기서 너희에게로 건너가고자 해도 건너갈 수 없고, 거기서 우리에게로도 건너올 수 없구나.' 그러자 부자는 '조상님, 그렇다면 부탁이 있습니다. 라자로스를 제 아버지의 집으로 보내주십시오. 저에게는 형제가 다섯 있습니다. 라자로스가 그들에게 경고하도록 해주십시오. 그래서 그들만큼은 고통받는 이곳으로 오지 않도록 말입니다.' 하고 말했습니다. 아브라함이 말했습니다. '그들에게 이미 모이세스와 예언자들이 가지 않았느냐? 회당에서 모이세스의 율법과 예언자들의 글이 낭독될 때, 그들은 그것을 듣고 그대로 행했어야 한다.' 그러자 부자는 '아닙니다. 아브라함 조상님, 죽은 사람들 가운데서 누군가가 살아나서 그들에게 나타나야지만 그들이 회개할 것입니다.' 하고 말했습니다. 그러나 아브라함은 '그들이 모이세스와 예언자들의 말을 듣지 않는다면, 죽은 사람 가운데 누가 살아나서 그들에게 나타난다 해도 그들은 믿지 않을 것이다.'라고 했습니다."

죄 용서에 대해 말씀하시다(17:1-4)

예수께서 제자들에게 말씀하셨다.

"죄를 저지르게 하는 유혹이야 없을 수 없겠지만, 죄를 짓도록 유혹하는 사람에게는 화가 닥칠 것이네. 이 보잘것없는 사람들 가운데 단 한 사람이라도 죄를 짓게 하는 사람은 차라리 자기 목에 맷돌을 매달고 바다에 빠지는 것이 낫지. 스스로 조심들 하게. 그대 형제가 잘못을 하거든 그를 꾸짖게. 그러나 회개하거든 용서하게. 그가 하루에 일곱 번이나 그대에게 잘못을 하고 일곱 번 그대에게 돌아와서 잘못을 뉘우치고 있다고 말하면 용서해줘야 하네."

믿음에 대해 말씀하시다(17:5-6)

사도들이 주님께 말했다.

"우리에게 믿음을 더해주십시오."

그러자 주님께서 이렇게 말씀하셨다.

"그대들에게 겨자씨만한 믿음이라도 있다면 이 뽕나무더러 '뿌리째 뽑혀서 바다에 심겨져라!' 하고 말했을 것이네. 그러면 그 나무가 그대들의 말에 따라 그렇게 되었을 것이네."

종이 마땅히 해야 할 일에 대해 말씀하시다(17:7-10)

“그대들 가운데 누군가에게 밭을 갈거나 양을 치는 종이 있다고 하세. 누가 과연 밭에서 일하고 돌아오는 자기 종에게 ‘어서 와서 식탁에 앉게!’ 하고 말하겠는가? 오히려 그 종에게 ‘내 저녁 식사부터 준비하거라. 허리띠를 동여 매무새를 단정히 하고, 내가 먹고 마시는 동안 내 시중을 들어라. 너는 이 일을 다 하고 난 뒤에 먹고 마셔라.’ 하고 말하지 않겠는가? 그 종이 지시받은 대로 했다고 해서 과연 주인이 그에게 고마운 마음을 갖겠는가? 그대들도 이와 같이 지시받은 모든 것을 다 하고 나서 ‘우리는 별 볼 일 없는 종입니다. 우리는 마땅히 해야 할 일을 했을 따름입니다.’ 하고 말하게.”

나병 환자 열 사람을 고치시다(17:11-19)

예수께서 예루살렘으로 가시는 길이었는데, 마침 사마리아와 갈릴래아 사이로 지나가시게 되었다. 예수께서 어떤 마을에 들어가다가 나병 환자 10명을 만나셨다. 그들은 멀찌감치 멈추어 서서 큰 소리로 말했다.

“예수 선생님, 우리를 불쌍히 여겨주십시오!”

예수께서 그들을 보고 말씀하셨다.

"가서 제사장들에게 여러분의 몸을 보여주십시오."

나병 환자들은 돌아가는 도중에 몸이 깨끗하게 나았다. 그들 가운데 한 사람이 자기의 병이 나은 것을 보고는 큰 소리로 하나님께 영광을 돌리면서 예수께로 되돌아왔다. 그는 예수의 발 앞에 엎드려 감사를 드렸는데, 사마리아 사람이었다. 그러자 예수께서 그에게 말씀하셨다.

"10명이 깨끗하게 낫지 않았습니까? 그런데 9명은 어디에 있습니까? 하나님께 영광을 돌리려고 되돌아온 사람이 이 이방 사람 한 사람밖에 없습니까?"

그리고 예수께서 또 말씀하셨다.

"일어나 가십시오. 그대의 믿음이 그대를 구원했습니다."

하나님 나라가 갑작스럽게 온다고 가르치시다(17:20-37)

하나님 나라가 언제 오느냐고 바리새파 사람들이 묻자, 예수께서 그들에게 이렇게 대답하셨다.

"하나님 나라가 오는 것은 눈에 보이지 않습니다. 사람들은 결코 '하나님 나라가 여기 있다.' 또는 '저기 있다.' 하고 말하지 못할 것입니다. 사실 하나님 나라는 여러분 가운데 있기 때문입니다.”

그러고는 제자들에게 말씀하셨다.

“그대들이 나, 곧 사람의 아들이 다스리는 날들 가운데 단 하루라도 보고 싶어 할 때가 오겠지만, 결코 보지 못할 것이네. 사람들이 그대들에게 ‘봐라. 저기 있다.’ 또는 ‘봐라. 여기 있다.’ 하고 말할지라도 그대들은 따라나서지도 말고 좇아다니지도 말게. 마치 번개가 칠 때 하늘 아래 이 끝에서 저 끝까지 번쩍이는 것처럼 나, 곧 사람의 아들이 다스리는 날이 오면 나 역시 그러할 것이기 때문이네. 그러나 사람의 아들은 먼저 고난을 많이 겪고 이 세상 사람들로부터 버림을 받아야 하네. 노에의 시대에 그러했던 것과 마찬가지로 사람의 아들이 다스리는 날에도 갑작스럽게 심판이 찾아올 것이네. 노에가 방주에 들어간 그날까지 사람들은 평소처럼 먹고 마시며 장가들고 시집가더니, 갑작스럽게 홍수가 나서 그들 모두를 멸망시켜 버렸네. 로트의 시대에도 이와 같은 일이 일어났네. 사람들이 평소처럼 먹고 마시며 물건을 사기도 하고 팔기도 하며 나무를 심기도 하고 집을 짓기도 하더니, 로트가 타락의 도시 소돔을 떠나던 날에 불과 유황이 하늘에서 비처럼 쏟아져 내려서 그들 모두를 멸망시켜 버렸네. 나, 곧 사람의 아들이 나타나는 날에도 이와 같은 일이 일어날 것이네. 그날에 어떤 사람이 지붕 위에 있다면 자기 세간 살림이 집 안에 있더라도 그것들을 가지러 내려가면 안 되네. 마찬가지로 들판에 있는 사람도 뒤돌아서서는 안 되네. 뒤를 돌아보다가 소금 기둥이 되어버린 로트의 아내를 기억하게. 누구든지 자기 목숨을 구하려고 안간힘을 쓰는 사람은 오히려 목숨을 잃을 것이며, 누구든지 자기 목숨을 잃을 각오가 되어 있는 사람은 오히려 살 것이네. 그대들, 내 말을 잘들 듣게. 그날 밤에 두 사람이 한 침대에서 자고 있는데 하나님께서 한 사람은 데려가시고 한 사람은 내버려두실 것이네. 또 두 여인이 함께 맷돌질을 하고 있는데 한 사람은 데려가시고 한 사람은 내버려두실 것이네."

그러자 제자들이 예수께 물었다.

"주님, 어디에서 그런 일이 일어난다는 말씀이십니까?"

예수께서 그들에게 대답하셨다.

"시체가 있는 곳에 또한 독수리 떼가 몰려들 것이네."

불의한 재판관의 비유를 말씀하시다(18:1-8)

예수께서 제자들에게 언제나 기도하고 실망하지 말아야 한다는 뜻으로 비유를 하나 말씀하셨다.

"어떤 마을에 재판관이 한 사람 있었네. 그 재판관은 하나님을 두려워하지도 않고 어느 누구도 존중하지 않았지. 그런데 그 마을에는 남편을 잃고 혼자 사는 여인이 한 사람 있었는데, 그 여인은 수시로 재판관을 찾아가서 '원수에게 당한 제 한을 풀어 주십시오.' 하고 말하곤 했네. 그 재판관은 한동안 과부의 청을 들어주려 하지 않았지만 얼마 뒤에 혼잣말로 '내가 하나님도 두려워하지 않고 어느 누구도 존중하지 않지만, 이 여인이 나를 귀찮게 하니 그 한을 풀어줘야겠구나. 그렇지 않으면 끝까지 나를 찾아와서 귀찮게 할 테니 말이지.' 하고 말하게 되었네."

그리고 주님께서 이어 말씀하셨다.

"그대들은 이 불의한 재판관이 뭐라고 말하는지 귀담아듣게. 하나님께서 선택하신 백성이 밤낮으로 부르짖는데, 하나님께서 그들의 한을 풀어주지 않으시겠는가? 그들을 그냥 내버려 두시겠는가? 내 말을 잘들 듣게. 하나님께서 당장 그들의 한을 풀어주실 것이네. 그러나 미래에 나, 곧 사람의 아들이 올 때 과연 세상에서 이런 믿음을 가진 사람을 단 한 명이라도 찾아낼 수 있겠는가?"

바리새파 사람과 세금징수업자의 비유를 말씀하시다(18:9-14)

예수께서는 자신들이야말로 스스로 의롭다고 확신하면서 남들을 업신여기는 몇몇 사람에게도 비유를 들어 말씀하셨다.

"두 사람이 기도하러 성전에 올라갔습니다. 한 사람은 바리새파 사람이었고, 다른 한 사람은 세금징수업자였습니다. 바리새파 사람은 서서 혼잣말로 이렇게 말했습니다. '오, 하나님! 제가 다른 사람들처럼 욕심이 많거나 불의하거나 바람을 피우는 사람이 아닌 것에 감사드립니다. 또한 제가 저 세금징수업자와 같지 않은 것에 감사드립니다. 저는 일주일에 두 번 금식하며 모든 소득에서 십일조를 바칩니다.' 한편 세금징수업자는 멀찌감치 떨어져 서서 눈을 들어 하늘을 쳐다볼 엄두도 내지 못하고, 그저 자기 가슴을 치며 '오, 하나님! 저는 죄인입니다. 저를 용서해주소서!' 하고 말했습니다. 잘 들으십시오. 저 바리새파 사람이 아니라 이 세금징수업자가 의롭다는 인정을 받고 성전에서 내려가 집으로 돌아갔습니다. 누구든지 스스로를 높이는 사람은 낮아지고 스스로를 낮추는 사람은 높아질 것입니다."

아기들을 축복하시다(18:15-17)

사람들은 젖먹이 아기들까지도 예수께 데리고 왔다. 예수께서 이 아기들을 쓰다듬어 주시기를 바란 것이다. 제자들이 이것을 보고 그들을 꾸짖었다. 그러자 예수께서는 그 아이들을 가까이 오게 하시고 제자들에게 말씀하셨다.

"어린아이들이 내게로 오는 것을 막지 말게. 그냥 놔두게. 하나님 나라는 바로 이러한 사람들의 것이네. 내 말을 정말 잘들 듣게. 누구든지 어린아이처럼 하나님 나라를 받아들이지 않으면 결코 거기에 들어갈 수 없다네."

돈 많은 지도자에게 말씀하시다(18:18-30)

어떤 지도자가 예수께 물었다.

"선하신 선생님, 제가 무엇을 해야 영원한 생명을 얻을 수 있겠습니까?"

예수께서 그에게 말씀하셨다.

"어찌하여 나를 선하다고 하십니까? 선한 분은 하나님 한 분밖에 없습니다. 이런 계명들을 알고 있으시겠지요? '간음하지 말라. 살인하지 말라. 도둑질하지 말라. 거짓 증언하지 말라. 네 아버지와 네 어머니를 공경하라.'"

그러자 그가 대답했다.

"이 모든 것을 어려서부터 잘 지켰습니다."

예수께서 이 말을 들으시고 그에게 말씀하셨다.

"해야 할 일이 아직 한 가지 더 남아 있습니다. 선생님이 갖고 있는 모든 것을 다 팔아 가난한 사람들에게 나눠주십시오. 그러면 하늘에서 보물을 차지하게 될 것입니다. 그런 뒤에 와서 나를 따르십시오."

그는 큰 부자였기 때문에 이 말씀을 듣고 매우 슬퍼했다. 그러자 예수께서 그를 보며 말씀하셨다.

"재물을 가진 사람들이 하나님 나라에 들어가는 것은 참으로 어렵습니다. 부자가 하나님 나라에 들어가는 것보다 낙타가 바늘귀로 들어가는 것이 더 쉽습니다."

이 말씀을 들은 사람들이 물었다.

"그렇다면 과연 누가 구원받을 수 있겠습니까?"

예수께서 말씀하셨다.

"사람에게는 불가능한 일도 하나님께는 가능합니다."

그러자 페트로스가 말했다.

"우리는 우리가 가진 것을 다 버리고 주님을 따라왔습니다."

이에 예수께서 사람들에게 말씀하셨다.

"내 말을 잘들 들으십시오. 하나님 나라를 위해 가정을 버린 사람, 아내, 형제자매, 부모, 자식을 버린 사람은 이 세상에서 여러 갑절로 보상을 받을 것이며, 오는 세상에서 영원한 생명을 얻을 것입니다."

죽음과 부활을 예고하시다(18:31-34)

예수께서 열두 제자를 곁으로 부르시고 그들에게 이렇게 말씀하셨다.

"우리는 지금 예루살렘으로 올라가고 있네. 나, 곧 사람의 아들을 두고 예언자들이 기록한 모든 일이 거기서 다 이루어질 것이네. 사람의 아들이 이방 사람들의 손아귀에 넘어가고, 이방 사람들이 사람의 아들을 희롱하고 모욕하고 침을 뱉을 것이네. 그들은 사람의 아들을 채찍질한 뒤에 죽일 것이네. 그러나 사람의 아들은 3일째 되는 날에 살아날 것이네."

그런데 제자들은 이 말씀을 하나도 알아듣지 못했다. 말씀의 뜻이 그들에게 감추어져 있어서 깨닫지 못한 것이다.

눈먼 거지를 고치시다(18:35-43)

예수께서 예리코 가까이에 이르셨을 때의 일이다. 어떤 눈먼 사람이 길가에 앉아 구걸하고 있었다. 그는 많은 사람이 지나가는 소리를 듣고는 이게 대체 무슨 일인지 물어보았다. 나자레트 예수가 지나간다고 사람들이 그에게 일러주었다. 그러자 그가 갑자기 소리를 지르며 이렇게 말했다.

"다비드의 자손 예수님! 저를 불쌍히 여겨주십시오!"

앞서 가던 사람들이 조용히 하라며 그를 꾸짖었으나 그는 오히려 더 크게 외쳤다.

"다비드의 자손이시여! 저를 불쌍히 여겨주십시오!"

예수께서 걸음을 멈추고 그 사람을 자기 앞으로 데려오라고 명령하셨다. 그 사람이 가까이 오자 예수께서 그에게 물으셨다.

"내가 무엇을 해주기를 바라십니까?"

"주님, 제가 다시 앞을 볼 수 있게 해주십시오."

그가 대답하자 예수께서 그에게 말씀하셨다.

"눈을 뜨십시오. 그대의 믿음이 그대를 구했습니다."

그러자 곧바로 그는 다시 앞을 보게 되었고, 하나님께 영광을 돌리며 예수를 따라갔다. 이것을 본 사람들은 모두 하나님을 찬양했다.

자캐오스를 만나시다(19:1-10)

예수께서 예리코에 들어가 길을 가고 계셨다. 자캐오스라는 이름을 가진 사람이 거기 있었는데, 그는 세금징수업자들의 대표자이며 부자였다. 자캐오스는 예수가 어떤 사람인지 한번 보고 싶었으나 사람들에 가려 전혀 볼 수가 없었다. 키가 작았기 때문이다. 그래서 그는 예수를 보려고 앞질러 달려가서 돌무화과나무 위로 올라갔다. 예수께서 거기를 지나가기 직전이었기 때문이다. 예수께서 그곳에 이르셨을 때 눈을 들어 자캐오스를 올려다보시고 말씀하셨다.

"자캐오스 세관장님, 어서 내려오십시오. 오늘은 내가 세관장님 집에 머물러야겠습니다."

그러자 그는 얼른 내려와서 기뻐하며 예수를 자기 집으로 모셨다. 사람들이 모두 이것을 보고는 투덜거렸다.

"예수라는 저 사람이 부정한 자의 집에 들어가 묵는구나!"

자캐오스는 일어나서 말했다.

“주님, 당장 제 재산의 절반을 가난한 사람들에게 나눠주겠습니다. 또 제가 누구에게서 착취한 것이라도 있으면 네 배로 갚겠습니다.”

예수께서 그에게 말씀하셨다.

“오늘 이 집은 구원을 받았습니다. 이 사람 역시 아브라함의 자손이기 때문입니다. 나, 곧 사람의 아들은 버림받은 사람들을 찾아 구원하러 왔습니다."

6

예루살렘에서의 선교활동

19:11–21:38

Gospel of Luke

므나 비유를 말씀하시다(19:11-28)

사람들이 이 말씀을 듣고 있을 때 예수께서 비유 하나를 더 말씀하셨다. 사람들이 예수께서 예루살렘에 가까이 오셨으니 이제 당장에라도 하나님 나라가 나타나리라고 생각했기 때문이다. 예수께서 이렇게 말씀하셨다.

"어떤 귀족 한 사람이 왕위를 받아오려고 먼 나라로 길을 떠났습니다. 그는 자기 종 10명을 불러다가 각 사람에게 은화를 나누어주었습니다. 각 한 므나씩 총 10므나•를 주고는 '내가 돌아올 때까지 장사를 해라.'라고 말했습니다. 그런데 그 지역에 사는 시민들이 그 귀족을 미워해 사절단을 뒤따라보내서 왕위를 줄 사람에게 '우리는 이 사람이 우리 왕이 되는 것을 바라지 않습니다.' 하고 말하도록 했습니다. 그러나 그 귀족은 결국 왕위를 받아서 돌아왔습니다. 그는 은화를 맡긴 종들이 장사를 해서 얼마나 벌었는지 알아보려고 그들을 불러 자기 앞으로 오게 했습니다. 첫째 종이 와서 '주인님, 주인님께서 주신 1므나로 10므나를 벌었습니다.' 하고 말했습니다. 그러자 주인은 그에게 '좋다, 착한 종아! 네가 아주 작은 일에 믿을 만했으니 열 마을을 다스릴 권한을 차지해라.' 하고 말했습니다. 이제 둘째 종이 와서 '주인님, 주인님께서 주신 1므나로 5므나를 만들었습니다.' 하고 말했습니다. 그러자 그는 그 종에게도 '너는 다섯 마을을 다스려라.' 하고 말했습니다. 그런데 또 다른 종이 와서 이렇게 말했습니다. '주인님, 주인님께서 주신 므나가 여기 있습니다. 수건에 싸서 잘 보관해두었습니다. 이렇게 한 것은 주인님이 무서웠기 때문입니다. 주인님은 맡기지도 않은 것을 찾아가시고, 씨 뿌리지도 않은 것을 추수하시는 가혹한 분이 아니십니까?' 그러자 주인은 그에게 이렇게 말했습니다. '악한 종아! 네 입에서 나온 말로 너를 심판해야겠다. 내가 맡기지도 않은 것을 찾아가고, 씨 뿌리지도 않은 것을 추수하는 가혹한 사람이라는 것을 네가 알고 있었느냐? 그렇다면 도대체 무엇 때문에 내 은화를 은행에 맡기지 않

므나

므나는 은으로 만든 유대아의 화폐로, 1므나는 100데나리우스(드라크마)이다. 대략 노동자의 3개월 치 월급에 해당한다.

았느냐? 그랬더라면 내가 돌아와서 원금과 이자를 받았을 것이다.' 그러더니 주변에 서 있는 사람들에게 '저놈에게서 1므나를 빼앗아서 10므나를 가지고 있는 사람에게 주어라.' 하고 말했습니다. 그들이 '주인님, 저 사람은 이미 10므나나 가지고 있습니다.' 하고 말하니 주인은 '내 말을 잘들 들어라. 가진 사람은 더 받게 될 것이며, 가지지 못한 사람은 자기가 가지고 있는 것마저 빼앗길 것이다. 나의 이 원수들, 내가 왕이 되는 것을 바라지 않은 이 자들을 이리로 끌어다가 내가 보는 앞에서 목을 베어라.' 하고 말했습니다."

예수께서는 이 말씀을 마치고 앞장서서 예루살렘으로 올라가셨다.

예루살렘에 가까이 가시다(19:29-40)

올리브산 동쪽 기슭에 있는 두 마을, 베트파게와 베타니아에 가까이 오셨을 때 예수께서 제자들 가운데 두 사람을 건넛마을로 보내며 이렇게 말씀하셨다.

"건너편 마을로 가게. 거기에 가면 아직 아무도 타보지 못한 새끼 나귀 한 마리가 매여 있는 것이 보일 걸세. 그놈을 풀어서 끌고 오게. 혹시라도 누가 그대들에게 '왜 푸는 거요?' 하고 묻거든 '주님께서 이게 필요하시답니다.' 하고 대답하게."

예수께서 보내신 두 제자가 그 마을에 가서 보니 예수께서 말씀하신 그대로였다. 그들이 새끼 나귀를 풀고 있는데 나귀의 주인 되는 사람들이 그들에게 말했다.

"그 새끼 나귀를 왜 푸는 거요?"

"주님께서 이것이 필요하시답니다."

그들은 이렇게 대답하고는 새끼 나귀를 예수께로 끌고 왔다. 그리고 자기네 옷가지를 벗어 나귀 등에 걸쳐 얹고 예수를 태웠다. 예수께서 나귀를 타고 앞으로 나아가시는데, 사람들이 자기네 옷을 벗어 길에 깔았다. 어느새 예수께서 올리브산의 내리막

길에 가까이 이르셨는데, 이때 무리를 이룬 수많은 제자들은 자기들이 본 모든 기적을 두고 기뻐하며 큰 소리로 하나님을 찬양했다.

"찬양받으소서, 주님의 이름으로 오시는 왕! 하늘에는 평화, 지극히 높은 곳에는 영광!"

그런데 이 사람들 가운데 섞여 있던 바리새파 사람 몇이 예수께 말했다.

"선생님, 선생님의 제자들을 좀 꾸짖어주십시오."

그러자 예수께서 이렇게 대답하셨다.

"내 말을 잘 들으십시오. 이 사람들이 잠잠하면 돌들이 소리칠 것입니다."

예루살렘을 보고 또다시 한탄하시다(19:41-44)

예수께서 예루살렘에 가까이 오셔서 도시를 바라보고 울며 말씀하셨다.

"오늘 너도 평화를 이루는 법을 알았더라면! 그러나 지금 네 두 눈에는 그것이 보이지 않는구나. 그날들이 네게 닥칠 것이다. 네 원수들이 네 주위에 진을 쳐서 너를 포위하고 사방에서 너를 공격할 것이다. 그들은 너를 파괴하고 네 안의 자녀들, 곧 그 안에 사는 사람들을 짓밟을 것이다. 그들은 네 안에 어떤 돌이라도 다른 돌 위에 얹혀 있도록 내버려두지 않을 것이다. 하나님께서 너를 찾아오신 구원의 때를 네가 알지 못했기 때문이다."

성전에 들어가시다(19:45-48)

예수께서 성전에 들어가서 성전 뜰에서 장사하는 사람들을 내쫓으며 그들에게 이렇게 말씀하셨다.

"성경에 '내 집은 기도의 집이다.'라고 기록되어 있다. 그런데 네놈들이 성전을 강도의 소굴로 만들었구나."

예수께서는 날마다 성전에서 가르치셨다. 대제사장들과 율법학자들과 백성의 지도자들은 예수를 없앨 방도를 찾고 있었으나 무슨 일을 어떻게 해야 할지 알지 못했다. 온 백성이 예수의 말씀을 듣느라 그의 곁을 떠나지 않고 함께 있었기 때문이다.

권한에 대한 질문에 대답하지 않으시다(20:1-8)

그러던 어느 날 예수께서 성전에서 백성을 가르치며 기쁜 소식을 전하고 계시는데, 대제사장들과 율법학자들이 원로들과 함께 예수께 가까이 다가와서 물었다.

“당신이 대체 무슨 권한으로 이런 일을 하는지 우리에게 말해보시오. 이런 권한을 당신에게 준 사람이 누구란 말이오?”

예수께서 그들에게 이렇게 대답하셨다.

“나도 어르신들께 한 가지 물어볼 테니 나에게 대답해보십시오. 요하네스가 세례를 베풀었는데, 그가 세례를 베푸는 권한이 하늘에서 난 것이겠습니까, 아니면 사람들에게서 난 것이겠습니까?”

그들은 자기들끼리 서로 의논하며 수군거렸다.

“만일 우리가 ‘하늘에서 났다.’라고 하면 저자가 ‘어찌하여 세례자 요하네스의 말을 믿지 않느냐?’ 하고 말할 테고 ‘사람들에게서 났다.’라고 하면 온 백성이 우리를 돌로 쳐 죽일 것입니다. 모두 세례자 요하네스를 예언자로 확신하고 있으니 말입니다.”

결국 그들은 요하네스의 세례가 어디서 났는지 알지 못한다고 대답했다. 그러자 예수께서 그들에게 말씀하셨다.

“나도 무슨 권한으로 이런 일을 하는지 어르신들께 말하지 않겠습니다.”

포도원 소작농들의 비유를 말씀하시다(20:9-19)

이제 예수께서 사람들에게 말씀하기 시작하셨는데, 마침 이러한 비유를 드셨다.

"어떤 사람이 포도원을 만들었습니다. 그는 이 포도원을 소작농들에게 세놓고 오랫동안 집을 떠나 멀리 있었습니다. 소작료를 받을 때가 되자 주인은 종 하나를 농부들에게로 보냈습니다. 농부들이 포도원의 소출 가운데 얼마를 이 종에게 바치도록 말입니다. 그런데 농부들은 그를 때리고는 빈손으로 쫓아냈습니다. 그러자 주인은 다른 종을 다시 보냈습니다. 그랬더니 그들은 이 종도 때리고 모욕하고는 빈손으로 쫓아냈습니다. 주인은 또다시 세 번째 종을 보냈는데, 농부들은 이 종도 상처투성이로 만들어 쫓아냈습니다. 그러자 포도원 주인은 '이 일을 어찌해야 할까? 사랑하는 내 아들을 보내야겠다. 그들도 내 아들이라면 존중하겠지.' 하고 말했습니다. 그러나 소작농들은 그 아들을 보자 서로 의논하며 '이 사람이 상속자로구나. 이자를 죽여 없애자. 그러면 그 유산이 우리 차지가 될 것이다.'라고 했습니다. 그러고는 그를 포도원 밖으로 끌어내어 죽였습니다. 그러니 포도원 주인이 이 소작농들을 어떻게 하겠습니까? 주인은 와서 그들을 없애버리고 포도원을 다른 사람들에게 줄 것입니다."

사람들이 이 말씀을 듣고는 말했다.

"그런 일이 없어야 할 텐데요."

예수께서는 그들을 똑바로 보면서 말씀하셨다.

"그러면 '집 짓는 사람들이 내다버린 돌, 그 돌이 집 모퉁이의 머릿돌이 되었다.'라고 기록된 말씀은 무슨 뜻이겠습니까? 누구든지 그 돌 위에 떨어지는 사람은 박살 날 것이며 그 돌이 어느 누구 위에 떨어지면 돌이 그를 산산조각낼 것입니다."

율법학자들과 대제사장들은 예수께서 자기들을 두고 이 비유를 말씀하신 줄 알고 그 자리에서 예수에게 손을 대려 했으나 백성이 두려워 그렇게 하지 못했다.

세금에 대해 대답하시다(20:20-26)

그래서 그들은 기회만 엿보고 있다가 첩자들을 예수께 접근시켰다. 첩자들은 스스로 의로운 사람인 척하며 접근했다. 그런데 사실은 예수의 말을 트집 잡아서 통치권과 사법권을 쥔 총독에게 예수를 넘기려는 것이었다. 첩자들이 예수께 질문했다.

"선생님! 우리는 선생님께서 바르게 말씀하시고 가르치시며, 사람을 외모로 판단하지 않으시고, 하나님의 길을 참되게 가르치시는 줄 압니다. 그런데 우리가 로마 황제에게 세금을 바쳐야 겠습니까, 바치지 말아야겠습니까?"

예수께서는 그들의 질문에 담긴 교활한 속셈을 알아차리고 이렇게 대답하셨다.

"당신들! 데나리우스 한 닢을 꺼내서 내게 보여주십시오. 이 로마 은화에 누구의 초상과 글자가 새겨져 있습니까?"

"황제의 초상과 글자입니다."

● 데나리우스

● 므나

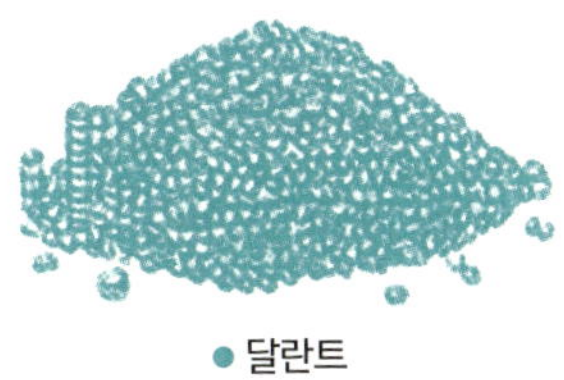

● 달란트

데나리우스

예수 당시에는 유대인들의 전통적인 화폐와 그리스 화폐와 로마 화폐가 함께 유통되었는데, 이 본문에서 언급되는 데나리우스는 로마의 주조화폐이다. 로마 황제의 초상이 각인되어 있다.(75쪽의 "은화"를 참고하라.)

그들이 대답하니 예수께서 그들에게 다시 말씀하셨다.

"그렇다면 황제의 것은 황제에게 돌려주십시오. 그러나 하나님의 것은 하나님께 돌려드려야 합니다."

그들은 백성 앞에서 예수의 말씀을 트집 잡지 못했다. 오히려 예수의 대답에 놀라서 말문이 막혔다.

부활에 대해 논쟁하시다(20:27-40)

부활이라는 것은 아예 없다고 주장하는 사두개파• 사람들 가운데 몇 사람이 다가와서 예수께 물었다.

"선생님! 모이세스가 우리에게 써준 율법에는 이렇게 기록되어 있습니다. '만일 어떤 사람에게 결혼한 형이 있는데 그 형이

사두개파

사두개파는 신약 시대 유대아 사람들의 여러 분파 가운데 하나로 많은 제사장이 이 분파에 속해 있었다. 바리새파 사람들과는 달리 다양한 유대아 전승과 주석을 배격하고 오직 모이세스가 전해준 것으로 알려진 토라에 집착했으며 죽은 사람의 부활과 천사와 영을 믿지 않았다. 친로마적 성향을 보인 사두개파는 당시 정치적·경제적·종교적으로 기득권을 누렸으나, 기원후 70년 예루살렘의 함락과 함께 역사의 뒤안길로 사라졌다.

자식도 없이 아내를 두고 죽으면 그의 동생이 형수를 아내로 맞아들여 자기 형을 대신해 자식을 낳아줘야 한다.'라고 말입니다. 그런데 7형제가 살고 있었는데 그중 첫째가 아내를 맞아들인 뒤에 자식 없이 죽었습니다. 그래서 둘째와 셋째가 차례로 형수를 아내로 맞았고, 이런 식으로 7형제가 모두 그렇게 했지만 다들 자식을 보지 못하고 죽었습니다. 훗날 그 여인도 죽었습니다. 그러니 부활 때에 그 여인은 7형제 가운데 누구의 아내가 되겠습니까? 7형제 모두 그 여인을 아내로 삼았으니 말입니다."

예수께서 그들에게 말씀하셨다.

"이 세상 사람들은 장가도 들고 시집도 갑니다. 그러나 저 세상에 들어갈 자격이 있는 사람들, 죽은 사람들 가운데서 부활에 참여할 자격이 있는 사람들은 장가도 들지 않고 시집도 가지 않습니다. 그들은 천사와 같기 때문에 다시 죽을 수도 없습니다. 그들은 이미 죽었다가 부활한 사람들이기에 하나님의 자녀입니다. 죽은 사람들이 살아난다는 사실은 모이세스도 가시나무 떨기 이야기에서 보여주었습니다. 모이세스가 주님을 '아브라함의 하나님, 이사아크의 하나님, 야콥의 하나님'이라고 부르면서 말입니다. 하나님은 죽은 사람들의 하나님이 아니라 살아 있는 사람들의 하나님이십니다. 하나님이 보시기에는 모든 사람이 살아 있습니다."

그러자 율법학자들 가운데 몇 사람이 말했다.

"선생님! 제대로 말씀하셨습니다."

그러자 그들은 더 이상 예수께 아무것도 묻지 못했다.

그리스도는 다비드의 자손이 아니다(20:41-44)

예수께서 그들에게 말씀하셨다.

"사람들이 어찌 그리스도를 다비드의 자손이라고 합니까? 다비드 자신이 시편에서 이렇게 노래합니다. '주님께서 내 주께 말씀하셨네. 너는 내 오른편에 앉아 있어라. 내가 네 원수들을 네 발 앞에 굴복시킬 때까지.' 여기 보면 다비드가 그리스도를 주라고 불렀는데 어찌 주님께서 그의 자손이 되겠습니까?"

율법학자들을 조심하라고 가르치시다(20:45-47)

온 백성이 듣는 가운데 예수께서 제자들에게 말씀하셨다.

"율법학자들을 조심하게. 예복이나 입고 다니기를 즐기고, 시장에서 인사받기를 좋아하며, 회당에서는 특별한 자리에 앉기 좋아하고, 잔치에서는 높은 자리에 앉기를 좋아하는 율법학자들을 조심하라는 말이네. 그들은 재산권을 행사할 수 없는 과부들을 등쳐먹어 집안 재산을 빼앗는다네. 그러면서도 기도만큼은 남에게 보이려고 길게 하지. 이런 사람들이 더 가혹한 심판을 받을 것이네."

과부가 푼돈을 헌금하다(21:1-4)

예수께서 눈을 들어 헌금함에 예물 넣는 부자들을 보셨다. 또 거기에 푼돈 두 닢•을 넣는 어떤 가난한 과부를 보셨다. 그러

푼돈 두 닢

그리스어 성경에는 '렙톤 두 닢'으로 되어 있다. 구약 시대에는 주조화폐도 있었으나 주로 무게에 따른 화폐 단위인 세켈, 마네 등이 사용되었다. 신약 시대에는 부분적으로 옛 무게 단위 화폐도 사용되었으나 문화적으로는 헬레니즘 시대, 정치적으로는 로마 시대였기 때문에 그리스 주조화폐와 로마 주조화폐가 함께 사용되었다. 그리스 화폐(또는 화폐 단위)로는 달란트, 므나, 스타테르, 드라크마, 렙톤이 있고, 로마 화폐로는 데나리우스, 아사리우스, 코드란테스가 있다. 당시 노동자의 하루 품삯은 1데나리우스(드라크마)로 알려져 있는데 1데나리우스는 16아사리우스, 1아사리우스는 4코드란테스였다. 로마 화폐 1코드란테스는 그리스 화폐 2렙톤에 해당했으므로 1렙톤은 128분의 1데나리우스이다. 노동자의 하루 임금을 5-6만 원으로 가정할 때 과부의 헌금 2렙톤은 약 800원인 셈이다.

고는 제자들에게 이렇게 말씀하셨다.

“내 말을 잘 좀 들어보게. 가난한 이 여인이 다른 모든 사람보다 헌금을 더 많이 드린 셈이네. 저 사람들은 다들 넉넉한 살림 가운데에서 일부만을 떼어 예물로 드렸지만 이 여인은 궁핍한 살림살이 가운데에서 자기가 가진 생활비 전부를 탈탈 털어서 드렸으니 말이네.”

예루살렘 성전이 무너질 것을 예언하시다(21:5-6)

제자들 가운데 몇몇이 예루살렘 성전을 두고 이 성전은 귀한 석재로 지어지고 여러 가지 봉헌예물로 꾸며졌다고 하니 예수께서 이렇게 말씀하셨다.

"그대들이 보고 있는 이것들 말이군. 그러나 돌 위에 다른 돌이 하나도 남지 않고 와르르 무너지는 날이 올 것이네."

제자들이 당할 박해를 말씀하시다(21:7-19)

그러자 그들이 예수께 물었다.

"선생님! 그러면 그런 일이 언제 일어나겠습니까? 또 그런 일이 일어나려고 할 때 어떤 징조가 나타나겠습니까?"

예수께서 이렇게 대답하셨다.

"속지 않도록 조심들 하게. 많은 사람이 내 이름을 대며 와서는 '내가 그리스도이다.' 또는 '때가 가까이 왔다.' 하고 말할 테지만 그런 사람들을 따라가지 말게. 전쟁이나 폭동에 대한 소문을 듣더라도 놀라지들 말고. 이런 일이 반드시 먼저 일어나야 하지만 그렇다고 종말이 바로 오는 것은 아니니 말이네."

예수께서 그들에게 이어서 말씀하셨다.

"한 민족이 들고 일어나 다른 민족을 치고, 한 나라가 들고 일어나 다른 나라를 칠 것이네. 곳곳마다 큰 지진이 일어나고, 기근과 전염병이 퍼지고, 하늘에서부터 무서운 일과 굉장한 징조가 나타날 것이네. 그러나 이 모든 일이 일어나기 전에 사람들이 그대들을 잡아다가 박해하고, 회당에 끌고 가서 재판을 걸고, 결국 감옥에 처넣을 것이네. 그대들은 내 이름을 외치다가 왕들과 총독들 앞으로 끌려가 재판을 받을 것이네. 하지만 이것이 오히려 그대들에게는 기쁜 소식을 증언할 기회가 될 것이네. 그러나 변호할 말을 미리부터 준비하지 않도록 명심들 하게. 그대들의 적대자들이 결코 대항하거나 반박할 수 없는 언변과 지혜를 내가 그대들에게 줄 것이네. 그대들의 부모와 형제들과 친척들과 친구들이 그대들을 배신할 테고, 그들이 그대들 가운데 몇몇을 죽일 것이네. 그대들은 내 이름을 외치다가 모든 사람의 미움을 살 것이네. 그러나 그대들 머리카락 하나도 결코 상하지 않을 것이네. 그대들은 박해를 잘 견뎌서 목숨을 지키게."

예루살렘이 멸망할 것을 예언하시다(21:20-24)

"예루살렘이 군대에 포위당하는 것을 보거든 이 도시가 파괴될 날이 가까이 왔다는 것을 깨닫게. 그때 유대아에 있는 사람들은 산으로 도망가게. 예루살렘 성안에 있는 사람들은 빠져 나가게. 성 바깥에 있는 사람들은 안으로 들어가면 안 되네. 성경에 기록된 모든 것이 이루어질 징벌의 날이 바로 그때이기 때문이네. 그날에는 임신한 여인들과 젖먹이가 딸린 여인들은 불행하네. 땅 위에는 큰 재난이 일어날 것이며 이 백성에게는 진노가 내릴 것이네. 사람들은 칼날에 쓰러질 것이며 여러 나라에 포로로 잡혀갈 것이네. 이방 민족들이 다스리는 시대가 끝날 때까지 예루살렘은 그들에게 짓밟힐 것이네."

사람의 아들이 올 때에 대해 말씀하시다(21:25-28)

"해와 달과 별들에서 괴상한 징조가 나타날 것이네. 땅 위의 이방 민족들은 흔들리는 바다와 큰 파도 소리에 놀라 불안에 떨 것이네. 또 하늘 천체가 흔들릴 것이기에 사람들은 세상에 닥쳐올 일들을 예상하고, 지레 공포에 질려 기절할 것이네. 바로 그때 사람들은 나, 곧 사람의 아들이 엄청난 힘과 영광에 둘러싸여 구름을 타고 오는 것을 볼 것이네. 이런 일들이 일어나기 시작하거든 몸을 일으켜 세우고 머리를 꼿꼿이 들게. 그대들이 구원받을 때가 가까워지고 있기 때문이네."

무화과나무의 교훈을 가르치시다(21:29-33)

그러고는 예수께서 그들에게 비유를 하나 말씀하셨다.

"저 무화과나무를 좀 보게. 물론 다른 나무들도 다 마찬가지겠지. 이제 잎이 돋으면 그대들은 그것을 보고 여름이 벌써 가까이 다가온 줄 당연히 알겠지. 이와 같이 그대들도 이런 일들이 일어나는 것을 보거든 하나님 나라가 가까이 다가온 줄 깨닫게! 그대들, 내 말을 잘들 듣게. 이 세상 사람들이 다 죽기 전에 이 모든 일이 다 일어날 것이네. 하늘과 땅은 없어질지라도 내 말은 결코 없어지지 않을 것이네."

깨어 준비하라고 가르치시다(21:34-36)

"방탕한 삶과 술주정과 세상살이 걱정으로 그대들 마음이 뭉개지는 일이 없도록, 또 그날이 마치 올가미처럼 그대들에게 갑자기 닥치지 않도록 스스로 조심들 하게. 그날은 온 땅에 사는 모든 사람에게 들이닥칠 것이네. 그러니 그대들은 이제 곧 일어날 모든 일을 무사히 피하게 해달라고, 그래서 나, 곧 사람의 아들이 다시 올 때 내 앞에 당당히 설 수 있도록 해달라고 기도하면서 늘 깨어들 있게."

성전에서 가르치시다(21:37-38)

낮 동안 예수께서는 성전에서 가르치시다가 밤이 되면 성을 빠져나와 올리브산이라고 하는 곳에서 지내셨다. 그래서 온 백성은 새벽 일찍부터 일어나 예수의 말씀을 들으려고 성전에 있는 예수에게로 몰려들었다.

7

고난과 부활

22:1–24:53

예수를 죽이려고 음모를 꾸미다(22:1-2)

유월절•이라고도 불리는 무교절•이 가까이 다가왔다. 대제사장들과 율법학자들은 어떻게 하면 예수를 별 탈 없이 없애버릴 수 있을지 뾰족한 수를 찾고 있었다. 함부로 건드렸다가는 백성이 들고일어날까 두려웠기 때문이다.

유다스가 예수를 배반하다(22:3-6)

열두 제자 가운데 하나인 유다스에게 사탄이 들어갔다. 그는 카리오트 출신이라고 해서 '이스카리오트'(카리오트 사람)라고도 불렸다. 유다스는 예수 일행을 빠져나와 대제사장들과 성전 경비대장들을 찾아갔다. 그리고 어떻게 예수를 그들의 손에 넘겨

줄지 그들과 논의했다. 그들은 기뻐하며 유다스에게 돈을 주겠다고 약속했다. 유다스는 그들의 제의에 동의했고 사람들이 없을 때 예수를 그들에게 넘겨주려고 기회를 엿보고 있었다.

유월절 식사를 준비하다(22:7-13)

유월절 양을 잡아야 하는 무교절 첫날이 왔다. 예수께서 페트로스와 요하네스를 보내시며 말씀하셨다.

"우리가 유월절 식사를 할 수 있도록 준비를 좀 해주게."

그들이 예수께 물었다.

"어디에다 준비해두면 되겠습니까?"

유월절과 무교절

유월절과 무교절은 이집트에서 노예 생활을 하다가 탈출한 사건을 기념하는 절기이다. 무교절은 맥추절, 수장절과 더불어 이스라엘의 3대 절기 가운데 하나이다.(출 23:14-17) 이 절기는 일주일 동안 지켜졌는데, 바로 그 첫날이 유월절이다. 예수 당시 무교절은 온 나라에서 지킨 반면 유월절은 순례자들이 예루살렘에서만 지켰다. 무교절 기간에는 발효균(누룩, 효모, 이스트 등)을 넣지 않은 빵을 먹었으며, 유월절이 시작되면 바로 직전인 준비일에 잡은 유월절 양과 포도주를 먹고 마시며 유월절 식사를 했다. 물론 이때 빵도 같이 떼어서 먹었는데, 이는 발효균을 넣지 않은 빵이다.

"성안으로 들어가면 물동이를 멘 어떤 사람이 그대들을 만나러 마중 나올 것이네."

예수께서 이어 말씀하셨다.

"그 사람이 들어가는 집으로 따라 들어가서 집주인에게 '선생님께서 주인장께 말씀을 전하라 하십니다.' 하고는 이렇게 말하게. '내가 제자들과 함께 유월절 식사를 할 장소가 어디인가요?' 하고 말이네. 그러면 그 집주인이 커다란 다락방을 그대들에게 보여줄 것이네. 자리를 깔아놓은 방일 걸세. 그대들은 거기에다 유월절 식사를 차리게."

그들이 가서 확인해보니 예수께서 그들에게 일러주신 그대로였다. 그래서 그들은 거기에다 유월절 식사를 차려놓았다.

유월절 식사를 하시다(22:14-23)

유월절 식사를 할 시간이 되자 예수께서 자리에 앉으시고, 사도들도 예수와 함께 자리를 잡고 앉았다. 예수께서 그들에게 말씀하셨다.

"내가 고난을 당하기 전에 그대들과 함께 이 유월절 음식 먹기를 간절히 바랐네. 내 말을 잘들 듣게. 유월절의 의미가 하나님 나라에서 완전하게 이루어질 그때까지 나는 결단코 이것을 다시는 먹지 않을 것이네."

그리고 잔을 받아 감사를 드리신 뒤에 말씀하셨다.

"이것을 받아 나눠들 마시게. 내 말을 명심하게. 나는 이제부터 하나님 나라가 올 때까지 포도나무 열매로 빚은 것을 결단코 마시지 않을 것이네."

또 빵을 들어서 감사를 드리신 뒤에 그것을 뜯어서 그들에게 주시며 이렇게 말씀하셨다.

"이것은 그대들을 위해 내어주는 내 몸일세."

그리고 제자들에게 당부하셨다.

"이것을 행하여 나를 기념하게."

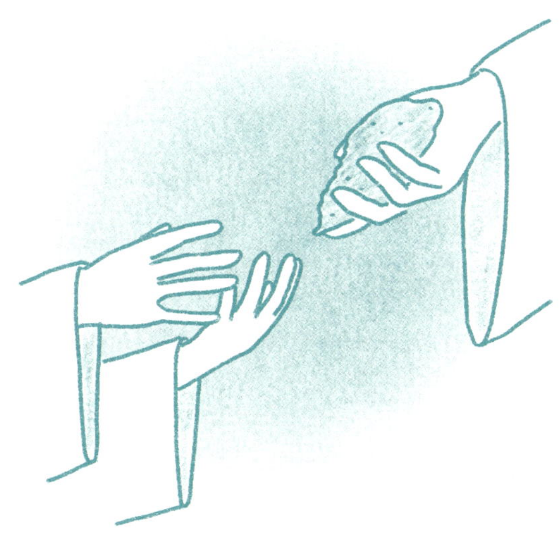

빵을 드신 뒤에, 예수께서는 잔도 그와 같이 그들에게 주시며 말씀하셨다.

"이 잔은 내 피로 맺은 새 언약일세. 그대들을 위해 흘리는 내 피 말이네. 참, 나를 넘겨줄 사람의 손이 나와 함께 이 식탁 위에 있네. 나, 곧 사람의 아들이야 하나님께서 정하신 뜻에 따라가겠지만, 사람의 아들을 넘겨주는 그 사람에게는 화가 닥칠 것이네."

제자들은 웅성거리기 시작했다. 그런 짓을 하려는 자가 자기들 가운데에서 누구일까 서로 물은 것이다.

제자들끼리 말다툼하다(22:24-30)

제자들 가운데 누구를 가장 높은 사람으로 여길 것인가를 두고 그들 사이에 말다툼이 벌어졌다. 그러자 예수께서 그들에게 이렇게 말씀하셨다.

"이방 민족들의 왕들은 그 백성들 위에 군림하고, 백성들은 자기들에게 권력을 휘두르는 사람들을 은인•이라고 부르네. 물론 그대들은 그렇지 않겠지. 높은 사람은 오히려 어린아이처럼 처신해야 하고, 명령하는 사람은 오히려 시중드는 사람처럼 처신해야 하네. 누가 더 높은 사람이겠는가? 식탁에 앉아 음식을 먹고 있는 사람인가, 아니면 시중드는 사람인가? 식탁에 앉은 사람이 더 높지 않겠는가? 하지만 내가 그대들 가운데 있는 것은 섬기는 사람으로 있는 거라네. 그대들은 내가 갖가지 시련을 당하는 동안 내 곁을 줄곧 지킨 사람들이네. 그러니 내 아버지께서 내게 나라를 주신 것같이 나 역시 그대들에게 나라를 주네. 그래서 그대들은 내 나라에 차려진 내 식탁에서 먹고 마시며, 왕좌에 앉아 이스라엘의 열두 지파를 다스릴 것이네."

페트로스가 부인할 것을 예고하시다(22:31-34)

"참, 시몬, 시몬! 사탄이 그대들 모두를 까부르려고 하네. 마치 밀을 까불러 알곡과 쭉정이•를 가르듯 말일세. 하지만 내가 그대

은인

종종 세상의 통치자들이 '은인'이라는 칭호로 불리는 경우가 있었다. 이집트의 프톨레마이오스 3세(기원전 3세기)와 프톨레마이오스 8세(기원전 2세기 후반), 또 시리아의 안티오쿠스 7세(기원전 2세기 중엽)가 은인이라는 칭호를 가졌다. 로마 황제 트라야누스(기원후 2세기 초)도 은인이라 불렸다. 백성들에게 좋은 일을 베풀어준다는 의미이다.

를 위해 기도했네. 그대가 믿음을 완전히 잃지 않도록 말이네. 그러니 그대가 잠시 믿음을 잃었다가 다시 돌아온 뒤에는 그대 형제들의 믿음을 더욱 굳세게 해줘야 하네."

그러자 페트로스가 예수께 말했다.

Tip

알곡과 쭉정이

고대 팔레스타인 지역에서는 알곡과 쭉정이(또는 왕겨)를 분리하기 위해 삼지창과 같이 생긴 갈퀴로 밀을 까불렀다.(위 그림 참고)

"주님, 주님과 함께라면 저는 감옥이나 죽는 자리까지도 갈 각오가 되어 있습니다."

그러자 예수께서 대답하셨다.

"페트로스! 내 말을 잘 듣게. 오늘 닭이 울기 전, 그대는 나를 알지 못한다고 세 번 부인할 것이네."

돈주머니와 배낭과 칼을 챙기라고 이르시다(22:35-38)

그러고는 제자들에게 말씀하셨다.

"내가 지난번에 그대들을 파송했을 때 돈주머니와 배낭도 없이 파송했지. 또 신발도 신기지 않고 보냈는데, 그대들에게 무엇 하나 부족한 것이라도 있던가?"

"아무것도 없었습니다."

제자들이 대답하자 예수께서 그들에게 계속 말씀하셨다.

"이제는 돈주머니가 있는 사람은 챙기게. 배낭 또한 마찬가지네. 그리고 칼이 없는 사람은 옷을 팔아서라도 칼을 하나 사게. 내 말을 잘들 듣게. '그는 범죄자들과 한 패거리로 몰렸다.'라고 한 성경 말씀이 내게서 반드시 이루어져야 하네. 나에 관한 일이 이제 다 이루어지고 있네."

제자들이 예수께 말했다.

"주님, 여기 칼 두 자루가 있습니다."

예수께서 그들에게 대답하셨다.

"그것이면 충분하네."

기도하시다(22:39-46)

예수께서 밖으로 나가셨다. 늘 하시던 대로 올리브산으로 가셨는데, 제자들 또한 예수를 따라갔다. 그 장소에 이르자 예수께서 제자들에게 말씀하셨다.

"유혹에 빠지지 않게 해달라고 기도들 하게."

그러고는 그들 무리에서 빠져나와 돌을 던지면 닿을 만한 거리만큼 가서 무릎을 꿇고 기도하셨다.

"아버지, 만일 아버지께서 바라신다면 이 잔을 내게서 거두어주소서. 하지만 내 뜻대로가 아니라 아버지의 뜻대로 되게 하소서."

하늘에서 천사가 나타나서 예수의 기운을 북돋워드렸다. 예수께서 괴로워하는 가운데 더욱 간절히 기도하시니 땀이 땅에 뚝뚝 떨어지는 것이 마치 핏방울 같았다. 기도를 마치고 일어나 제자들에게로 가셨을 때 그들은 잠들어 있었다. 예수께서는 그들이 슬픔에 젖어 지쳐 잠든 줄을 다 알고 계셨다. 그러나 예수

께서 그들에게 이렇게 이르셨다.

"어찌 졸고들 있는가? 일어나 기도들 하게. 유혹에 빠지지 않도록 말이네."

체포당하시다(22:47-54a)

예수께서 아직 말씀하고 계시는데, 한 무리가 나타났다. 열두 제자 가운데 하나인 유다스라는 사람이 앞장서서 그들을 데리고 온 것이다. 유다스는 예수께 입을 맞추려고• 가까이 다가갔다.

그때 예수께서 그에게 말씀하셨다.

"유다스! 그대가 입맞춤으로 나, 곧 사람의 아들을 저들에게 넘겨주려는 것인가?"

예수를 둘러싸고 있던 제자들이 이제 어떤 일이 일어날지 눈치채고 예수께 물었다.

"주님, 우리가 칼로 쳐버릴까요?"

그때 제자들 가운데 한 사람이 대제사장의 종을 칼로 쳐서 그의 오른쪽 귀를 떨어뜨렸다.

"그만들 하게! 저 사람들 마음대로 하도록 내버려두게!"

유다스의 입맞춤

오늘날처럼 방송매체가 발달하지 않은 100년 전만 해도 특정인의 얼굴은 널리 알려지지 않았다. 고종 황제가 옷을 갈아입고 시내에 나타난다고 한들 누가 알아보았을까? 하물며 2,000년 전에는 어떠했으랴! 예수가 아무리 유명인이었던들 예수의 얼굴을 아는 사람은 소수에 불과했다. 멀리서 지켜본 사람들로서는 예수의 얼굴을 분명히 가려낼 수 없었다. 예수가 누구인지, 어떻게 생긴 사람인지 분명히 알지 못한 채 예수를 잡으러 가면 예수를 놓치는 결과로 이어지게 마련이다. 그러니 누군가 예수를 은밀하게 지목해줘야 했다. 예수와 그 주변에 있는 제자들이 의심하지 않는 방식이 바로 입맞춤 인사였다. 당시에 입맞춤은 스승과 제자 사이에서 사랑과 존경을 표현하는 자연스러운 인사법이었다.

예수께서는 이렇게 말씀하시며 대제사장의 종의 귀를 만져서 낫게 해주셨다. 그리고 자기를 잡으러 온 자들, 즉 대제사장들과 성전 경비대장들과 원로들에게 말씀하셨다.

"마치 강도를 잡듯이 칼과 몽둥이를 들고 오셨군요? 내가 날마다 성전에서 어르신들과 함께 있었는데도 어르신들은 내게 손 하나 대지 않았습니다. 그러나 이제는 어르신들의 때입니다. 어둠이 권력을 휘두르는 때입니다."

그들은 예수를 붙잡아 끌고 가서는 대제사장의 집으로 데리고 들어갔다.

페트로스가 예수를 모른다고 부인하다(22:54b-62)

예수가 잡혀가실 때 페트로스는 멀찍이 떨어져서 뒤따라갔다. 사람들이 대제사장의 집 뜰 가운데 불을 지피고 둘러앉아 있었는데 페트로스도 그들 틈바구니에 끼여 앉아 있었다. 그때 어떤 하녀가 불을 쬐고 있는 페트로스를 보았다. 그 하녀는 불빛을 받고 있는 페트로스를 유심히 쳐다보더니 이렇게 말했다.

"이 사람도 예수라는 사람과 함께 있었어요. 한 패예요."

그러나 페트로스는 부인했다.

"이봐요, 나는 그 사람을 모릅니다."

잠시 뒤에 다른 사람이 페트로스를 보고 말했다.

"당신 역시 그들과 한 패요."

"여보시오, 나는 아니란 말이오."

페트로스는 예수를 부인했다. 한 시간쯤 지나서 또 다른 어떤 사람이 장담하듯 말했다.

"분명히 이 사람도 그놈과 함께 있었소. 이 사람도 갈릴래아 사람이잖소."

그러나 페트로스는 말했다.

"여보시오, 나는 당신이 무슨 소리를 하는 건지 도무지 알지 못하겠소."

바로 그때, 페트로스가 아직 말을 채 끝내지도 못했는데 그만 닭이 울었다. 주님께서 몸을 돌려 페트로스를 똑바로 쳐다보셨다. 페트로스는 "오늘 닭이 울기 전, 그대는 나를 세 번 부인할 것이네."라고 하신 주님의 말씀이 기억났다. 그때 페트로스는 밖으로 나가 처절하게 울었다.

모욕받으시다(22:63-65)

예수를 지키는 사람들은 예수를 조롱하며 때렸다. 그들은 예수의 눈을 가리고 때리면서 말했다.

"네놈을 때린 사람이 누군지 알아맞혀 봐라!"

그들은 그 밖에도 온갖 방식으로 예수를 모욕하고, 욕설을 퍼부었다.

산헤드린에서 재판받으시다(22:66-71)

날이 밝자 백성의 원로원이 소집되었고 대제사장들과 율법학자들도 모였다. 그들이 예수를 그들의 의회, 곧 산헤드린•으로 끌고 가서 심문했다.

"그대가 그리스도라면 그렇다고 우리에게 말해보시오."

"내가 그렇다고 말하더라도 어르신들은 결코 믿지 않을 것입니다. 또 내가 물어본다 한들 어르신들은 절대로 대답하지 않겠

산헤드린

아람어 '산헤드린'은 (공)의회를 뜻하는 '쉬네드리온'이라는 그리스어에서 차용된 단어로, 유대교 (대)제사장들과 원로들과 율법학자들 71명으로 구성되었다. 로마 시대 유대교 공동체의 최고 의결기관으로서 종교적인 기능뿐만 아니라 사법적 기능 그리고 제한적으로나마 정치적 기능도 수행했다. '원로원'은 원로들의 모임을 가리키나 산헤드린의 동의어로 사용되기도 한다.

지요. 이제부터 나, 곧 사람의 아들은 전능하신 하나님 오른쪽에 앉게 될 것입니다."

예수께서 그들에게 이렇게 대답하시자 모두가 물었다.

"그러면 당신이 하나님의 아들이오?"

"내가 하나님의 아들이라는 말은 어르신들이 하고 있습니다."

예수께서 대답하시자 그들은 이렇게 말했다.

"이제 우리에게 무슨 증거가 더 필요하겠소? 자기 입으로 하는 말을 우리가 직접 들었으니 말이오."

필라투스 앞에 서시다(23:1-6)

의회에 모였던 사람들이 모두 일어나서 예수를 로마 총독 필라투스• 앞으로 끌고 갔다. 그들은 예수를 고발하는 말을 쏟아내기 시작했다.

"우리가 알아낸 바에 따르면 이자는 우리 민족이 폭동을 일으키도록 선동했으며, 황제께 세금을 바치지 못하게 훼방했고, 자칭 그리스도라, 또 왕이라 했습니다."

그러자 필라투스가 예수께 물었다.

"당신이 유대아 사람들의 왕인가?"

필라투스

기원전 4년에 헤로데스 대왕이 죽으면서 팔레스타인 지역은 셋으로 나뉜다. 유대아와 사마리아 지역은 아르켈라오스가 기원후 6년까지 다스리다가 그 이후부터는 로마가 직접 총독을 파견해 통치했다. 5대 총독이 바로 본문에 등장하는 폰티우스 필라투스이다. 그는 기원후 26-36년에 이 지역을 관할했다. 한편 북부 요르단 지역은 필리푸스가 로마의 분봉왕 자격으로 기원후 34년까지 다스렸으며, 갈릴래아와 베로이아 지역은 역시 로마의 분봉왕이던 헤로데스 안티파스가 기원후 39년까지 다스렸는데, 누가복음 본문에 등장하는 헤로데스는 바로 헤로데스 안티파스를 가리킨다. 예수 당시 유대아 지역은 로마 총독 필라투스의 관할이었고, 갈릴래아는 분봉왕 헤로데스 안티파스의 관할이었다.

"총독님이 그렇게 말하고 있습니다."

예수께서 대답하셨다. 필라투스는 대제사장들과 군중을 향해 말했다.

"나는 이 사람에게서 아무 죄도 찾아내지 못했습니다."

그러나 그들은 고집을 부리며 말했다.

"그는 갈릴래아에서 시작해 이곳에 이르기까지 온 유대아 땅을 돌며 백성들을 가르친답시고 그들을 혼란에 빠뜨리고 있습니다."

그 말에 필라투스는 이 사람이 갈릴래아 사람이냐고 물었다.

헤로데스 앞에 서시다(23:7-12)

필라투스는 예수가 헤로데스 안티파스의 관할 지역인 갈릴래아• 출신이라는 사실을 알고 그를 헤로데스에게 보냈다. 마침 그때 헤로데스는 예루살렘에 와 있던 참이었다. 헤로데스는 예수를 보고 대단히 좋아했다. 그는 오래전부터 예수에 대한 소문을 들어온 터라 그를 꼭 한 번쯤은 만나고 싶어 했다. 어떤 기적이든 예수가 기적을 행하는 것을 직접 보고 싶었던 것이다. 그래서 헤로데스는 예수께 여러 가지를 물어보았지만 예수께서는 헤로데스에게 아무 대답도 하지 않으셨다. 그때 대제사장들과 율법학자들이 거기 서 있다가 격앙된 어조로 예수를 고발했다.

헤로데스는 자기 호위병들과 함께 예수를 모욕하기도 하고 조롱하기도 했다. 그러고는 예수에게 화려한 옷을 입혀서 필라투스에게 돌려보냈다. 갈릴래아를 관할하던 로마의 분봉왕 헤로데스와 유대아 땅을 관할하던 로마 총독 필라투스, 전에는 그 둘이 원수 사이였으나 바로 그날에 친구가 되었다.

필라투스 앞에서 사형선고를 받으시다(23:13-25)

필라투스는 대제사장들과 지도자들과 백성들을 불러 모아 놓고 그들에게 말했다.

"여러분은 이 사람이 사람들을 선동한다고 해서 내게로 끌고 왔습니다. 그런데 어쩌겠습니까? 여러분이 보는 앞에서 내가

갈릴래아

갈릴래아는 팔레스타인의 북쪽 지역으로, 갈릴래아 호수를 기준으로 서쪽에 위치한다. 카나, 나자레트, 카파르나움 등이 이 지역에 속한다. 당시 이 지역은 헤로데스 대왕의 아들 가운데 하나인 헤로데스 안티파스가 관할하고 있었다.

직접 심문했지만 여러분이 고발한 것과 관련해 이 사람에게서 아무런 죄도 찾아내지 못했습니다. 헤로데스 역시 아무 죄도 찾아내지 못했기에 이 사람을 우리에게로 돌려보낸 것입니다. 이 사람은 사형당할 만한 일을 하나도 저지르지 않았습니다. 그러니 매질이나 좀 하고 이 사람을 풀어주겠습니다."

명절에는 죄인 한 사람을 사면하는 것이 관례였다. 그래서 필라투스는 죄인 한 사람을 풀어줘야 했는데, 풀어줄 죄인으로 예수를 생각하고 있었다. 그런데 그 자리에 모여든 사람들이 다 같이 이렇게 소리를 질렀다.

"그자를 없애고 바라바스를 놓아주시오!"

바라바스는 예루살렘 성안에서 폭동을 일으키고 또한 살인을 저지른 일로 감옥에 갇힌 사람이다. 필라투스는 예수를 놓아주고 싶어 사람들을 향해 다시 소리쳤다. 그러나 그들 역시 지지 않고 크게 부르짖었다.

"그자를 십자가에 못 박아라! 십자가에 못 박아라!"

필라투스는 세 번째로 그들에게 말했다.

"이 사람이 어떤 나쁜 짓을 했다는 것입니까? 나는 이 사람에게서 사형당할 만한 죄를 하나도 찾아내지 못했습니다. 그러니 매질이나 좀 하고 이 사람을 풀어주겠습니다."

그러나 그들은 예수를 십자가에 못 박으라고 큰 소리로 악을 써가며 외쳐댔다. 결국 그들의 아우성이 이겼다. 필라투스는 그들의 요구를 들어주기로 작정했다. 그래서 그들이 바라던 그 사람, 즉 폭동과 살인을 저질러 감옥에 갇힌 바라바스를 놓아주고 그들의 뜻대로 하도록 예수를 넘겨주었다.

키레네 사람 시몬이 십자가를 대신 지다(23:26-31)

그들은 예수를 끌고 가던 도중 시골에서 올라온 시몬이라는 키레네• 사람을 잡아다가 십자가를 지고 예수의 뒤를 따라오게 했다.

사람들이 큰 군중을 이루어 예수를 따라가고 있었는데, 그 가운데에는 예수를 보고 슬피 우는 여인들도 끼어 있었다. 예수께서 그 여인들을 바라보며 말씀하셨다.

"예루살렘의 여인들이여, 나를 위해 울지 말고 여러분 스스로를 위해, 또 여러분의 자녀를 위해 우십시오. 사람들이 이렇게

키레네

오늘날의 리비아 지역인 아프리카 서북부 지중해 연안에 위치한 도시이며, 헬레니즘 시대에는 알렉산드리아와 함께 북아프리카의 문화 중심지였다. 당시에는 디아스포라 유대인들이 많이 살고 있었다.

게 말할 날이 곧 옵니다. '아이를 배지 못하는 여인은 행복한 사람이다. 아이를 낳아보지 못한 태와 젖을 빨려보지 못한 가슴이 복을 받았다.' 그때가 되면 사람들은 산에다 대고 '우리 위에 무너져라.'라고 하고, 언덕에다 대고 '우리를 덮쳐라.' 하고 소리칠 것입니다."

예수께서 자기가 당하는 고초를 두고 이어서 말씀하셨다.

"사람들이 파릇파릇한 생나무에도 이런 짓을 하는데, 하물며 바짝 마른 나무 같은 죄인들이 어떤 짓을 당할지 말할 나위도 없습니다."

십자가에 달리시다(23:32-38)

다른 죄인 두 사람도 사형을 받게 되어 예수와 함께 형장으로 끌려가고 있었다. 그들이 '해골'이라고 불리는 곳에 이르자 예수를 끌고 가던 사람들이 거기서 예수와 두 명의 다른 죄인을 십자가에 못 박았다. 한 명은 예수의 오른쪽에, 다른 한 명은 예수의 왼쪽에 매달았다. 그때 예수께서 기도하셨다.

"아버지, 저 사람들을 용서해주소서. 저들은 자기네가 무슨 짓을 하는지 알지 못합니다."

그들은 제비를 뽑아서 예수의 옷을 자기들끼리 나눠 가졌다.

사람들은 가만히 서서 쳐다보고 있었고, 지도자들은 비웃으며 말했다.

“이놈이 남들을 살렸다는데, 자기 자신이나 한번 살려보라지. 자기가 정말로 하나님께서 선택하신 그리스도라면 말이야.”

군인들 역시 예수를 조롱했는데, 그들은 예수께 다가가서는 신 포도주를 들이대면서 말했다.

“네 놈이 정말 유대아 사람들의 왕이라면 네 자신이나 구원해봐라!”

예수의 머리 위에 ‘이 사람은 유대아 사람들의 왕이다.’라는 팻말이 붙어 있었던 것이다.

예수와 함께 십자가에 달린 두 죄인(23:39-43)

예수와 함께 십자가에 달린 죄인 가운데 하나가 예수를 모욕하며 말했다.

“네놈은 그리스도가 아니냐? 네 자신도 살려보고 우리도 좀 살려보시지!”

다른 죄인이 그를 꾸짖었다.

“당신도 똑같은 처형을 받고 있는 주제에! 하나님이 두렵지도 않소? 우리야 우리가 저지른 짓에 마땅한 벌을 받고 있으니 십자가에 달린 게 당연하지만 이분은 아무 잘못도 하지 않으셨소."

그리고 그는 예수께 말했다.

"이보시오, 예수! 당신이 당신 나라에 들어가면 나를 좀 기억해주시오."

그러자 예수께서 그에게 말씀하셨다.

"내 말을 잘 들으시오. 그대는 오늘 나와 함께 낙원에 있을 것이오."

숨을 거두시다(23:44-49)

어느덧 낮 12시가 되었는데 온 땅에 어둠이 깔렸고, 어둠은 그렇게 오후 3시까지 지속되었다. 태양은 빛을 잃었고 성소와 지성소를 분리하는 휘장• 가운데가 위아래로 찢어졌다. 그때 예수께서 큰 소리로 부르짖으셨다.

"아버지, 아버지의 손에 내 영혼을 맡깁니다."

예수는 이 말씀을 하시고 그만 숨을 거두셨다. 그런데 로마의 하급 장교인 백인대장이 이 광경을 보고 하나님께 영광을 돌리며 말했다.

"이 사람이야말로 참으로 의로운 사람이었구나!"

구경하러 몰려든 사람들도 모두 이 광경을 보고는 비통한 마

휘장

예루살렘 성전에는 휘장이 두 개 있었다. 성소의 입구에 성소와 안뜰을 구분하는 바깥 휘장이 있었고, 또 성소와 지성소를 구분하는 안쪽 휘장이 있었다. 본문에 언급된 휘장은 후자의 것으로 보인다. 이 안쪽 휘장은 약 25미터 높이로 성전에서 가장 중요한 곳인 지성소를 가리는 역할을 했다. 지성소는 하나님의 임재를 상징하는 거룩한 곳으로 아무나 접근할 수 없었으며 그 안에는 언약궤가 있었다. 이 안쪽 휘장이 열리는 일은 1년에 단 한 번 대속죄일에 대제사장이 이스라엘 백성의 죄를 용서받기 위해 지성소에 들어가 예식을 거행할 때뿐이었다. 성전의 휘장이 찢어져서 두 폭으로 갈라진 것은 성전의 제의적 기능이 끝났음과 하나님과 사람들 사이를 갈라놓았던 장애물이 제거되었음을 의미한다.

음에 가슴을 치며 집으로 돌아갔다. 예수를 아는 사람들과 갈릴래아에서부터 예수를 따르던 여인들은 다들 멀찌감치 떨어져서 이 일을 지켜보고 있었다.

무덤에 묻히시다(23:50-56)

요세프라는 착하고 의로운 사람이 있었다. 그는 의회 의원이었으나 예수 사건에 대한 의회의 결정과 처리 방식에 동의하지 않았다. 그는 유대아 사람들의 마을인 아리마태아 출신으로 하나님 나라가 오기를 기다리며 사는 사람이었다. 이 사람이 필라투스 총독에게 가서 예수의 시신을 내어달라고 요구했다. 그는 십자가에서 시신을 내려 삼베로 싸게 하고는 바위를 파서 만든 무덤에 시신을 모셨다. 아직 아무도 묻힌 적이 없는 무덤이었다. 그날은 준비일이었고 안식일•이 막 시작될 무렵이었다. 갈릴래아에서부터 예수와 함께한 여인들도 요세프 일행을 뒤따라가서 무덤을 살펴보고, 또 예수의 시신을 어떻게 모시는지까지 살펴보았다. 여인들은 집으로 돌아가서 예수께 발라드릴 향료와 향유를 마련했다.

여인들이 빈 무덤을 발견하다(24:1-12)

여인들은 계명에 따라 안식일에 아무 일도 하지 않고 쉬었다. 안식일이 끝나고 이제 새로운 일주일이 시작되었다. 일주일의 첫날 꼭두새벽, 즉 일요일 새벽에 여인들은 미리 준비해둔 향료를 챙겨서 무덤으로 갔다. 그런데 가서 보니 무덤이 열려 있었다. 무덤 입구를 막고 있던 돌이 무덤에서 굴러 나간 것이다. 안으로 들어가 보니 주님의 시신, 즉 예수의 시신이 보이지 않았다. 어찌된 영문인지 몰라 어리둥절해 있는데, 갑자기 그들 앞에 남자 둘이 나타났다. 눈부시게 빛나는 옷을 입고서! 여인들은 겁에 질려 엎어져서는 땅에 얼굴을 묻어버렸다. 그때 남자들이 그들에게

안식일

유대아 사람들의 날짜 경계선은 자정이 아니라 저녁 시간, 대략 오후 6시이다. 해가 떨어지면서 새로운 하루가 시작되는 것이다. 이렇듯 저녁에 안식일이 시작되면 가장 먼저 안식일 식사를 하는데(안식일에는 일을 하지 못한다. 식사 준비도!), 이 안식일 식사를 준비하는 날인 준비일은 안식일 바로 전날이다. 그러나 우리의 날짜 계산법에 따르면 같은 날 낮에 안식일 식사를 준비해서 같은 날 저녁에 식사를 하는 것이다. 정리하면 안식일은 금요일 저녁 6시부터 토요일 저녁 6시까지이다. 안식일이 끝나면 새로운 한 주가 시작되니 토요일 저녁이 새로운 한 주의 시작인 것이다. 여인들이 예수의 빈 무덤을 발견한 일주일의 첫날은 일요일이다.

말했다.

“그대들은 어찌 살아 계신 분을 죽은 사람들 가운데에서 찾고 있습니까? 그분은 여기 계시지 않습니다. 살아나셨습니다. 갈릴래아에 계실 때 그분께서 그대들에게 어찌 말씀하셨는지 기억들 해보세요. 사람의 아들이 죄인들의 손에 넘겨졌다가 십자가에 못 박히시고 3일째 되는 날에 다시 살아나야 한다고 말씀하시지 않았습니까!”

여인들은 예수의 말씀이 떠올랐다. 그들은 무덤에서 돌아와서 열한 제자와 다른 모든 사람에게 이 모든 일을 알렸다. 이 여인들은 막달레네 마리아와 요한나와 야코보스의 어머니 마리아였다. 물론 그들과 함께한 다른 여인들도 있었다. 그들이 이 일을 사도들에게 말한 것이다. 그러나 사도들에게는 여인들의 말이 허무맹랑한 헛소리처럼 들렸다. 여인들을 믿을 수 없었다. 그러나 페트로스는 자리에서 벌떡 일어나 무덤을 향해 뛰었다. 무덤에 도착해 몸을 굽혀 안을 들여다보니 수의로 사용된 삼베만이 놓여 있었다. ‘이게 도대체 어찌 된 일일까?’ 그는 이 일을 기이하게 여기며 집으로 돌아갔다.

엠마우스로 가는 두 제자가 부활하신 예수를 만나다(24:13-35)

바로 그날, 예수의 제자들 가운데 둘이 예루살렘에서 10킬로미터쯤 떨어진 엠마우스라는 마을로 가고 있었다. 그들은 요즘 자기들에게 일어난 모든 일을 두고 서로 이야기를 나누고 있었다. 그들이 이야기를 나누며 각자의 생각을 주고받는데 예수께서 직접 그들에게 다가가셨다. 그리고 그들과 함께 걸으셨다. 그러나 그들은 눈에 무엇인가 씌어서 예수를 알아보지 못했다. 예수께서 그들에게 물으셨다.

"그대들은 길을 가면서 도대체 무슨 이야기를 그렇게 주고받는 건가요?"

그러자 그들이 슬픈 기색으로 걸음을 멈추었다. 그들 가운데 하나인 클레오파스가 예수께 대답했다.

"요즘 예루살렘에서 무슨 일이 벌어졌는지 모른다는 말인가요? 예루살렘에 머물러 있으면서 아무것도 모르는 사람은 선생님밖에 없는 것 같습니다."

"글쎄, 대체 무슨 일이냐니까요?"

예수께서 그들에게 물으시니 그들이 대답했다.

"나자레트 예수에 관한 일이지요. 그분은 능력 있는 예언자였습니다. 말씀뿐만 아니라 하시는 일까지 대단했지요. 하나님과 모든 사람의 인정을 받을 만한 분이었어요. 그런데 대제사장들과 우리 민족의 지도자들이 그분을 로마 당국에 넘겨 사형선고를 받게 했고, 결국에는 그분을 십자가에 못 박히게 했습니다. 사실 우리는 희망을 품고 있었습니다. 그분이야말로 이제 곧 이스라엘을 해방하실 분이라고 말이지요. 그러나 그뿐이 아닙니다. 그 일이 벌어진 지 3일째인데, 우리 가운데 여인 몇이 우리를 놀라게 했어요. 새벽에 무덤에 갔다가 그분의 시신을 찾지 못하고 돌아와서는 천사들의 환상을 보았다는 겁니다. 천사들은 그분이 살아 계신다고 말했다고 합니다. 그래서 우리와 함께 있던 몇몇 사람이 무덤에 가보니 정말 여인들이 말한 그대로였습니다. 그러나 그들은 그분을 보지는 못했어요."

예수께서 그들에게 말씀하셨다.

"이런, 그대들은 참으로 어리석군요! 어찌 그대들은 예언자들이 말한 모든 것을 믿으려는 마음이 그리도 무딥니까? 그리스도가 이런 고난을 당하고 난 뒤에야 자기가 받을 영광을 누리는 것이 당연하지 않겠습니까?"

예수께서는 자기에 관해서 무슨 말을 하는지 모이세스의 율법과 예언서들로부터 시작해 성경 전체에 걸쳐서 그들에게 설명해주셨다. 어느덧 두 제자는 자기들이 가려는 마을 가까이에 이르렀다. 그때 예수께서는 더 멀리 가는 척하셨다. 그러자 그들이 예수를 억지로 붙잡고 말했다.

"저녁때가 되었고 이미 날도 저물었으니 우리와 함께 여기에 묵으시지요."

그래서 예수는 그들과 함께 묵으려고 집 안으로 들어가셨다. 예수께서 음식을 드시려고 그들과 함께 식탁에 앉아 빵을 들어서 감사를 드리신 뒤에 뜯어서 그들에게 주셨다. 그제야 그들의 눈이 열려서 예수를 알아보았는데, 이미 예수께서는 그들의 눈 앞에서 사라진 뒤였다.

"그분이 길에서 우리에게 말씀하실 때나 성경 말씀을 풀어 주실 때 우리 마음이 뜨거워지지 않았던가!"

그들은 서로 이렇게 말하고는 얼른 자리에서 일어나 예루살렘으로 돌아갔다. 예루살렘에 돌아가 보니 열한 제자뿐만 아니라 그들과 함께 있던 사람들이 모두 모여 있었다. 그들은 주님께서 분명히 다시 살아나셨고 시몬에게 나타나셨다고 말하고 있던 참이었다. 그래서 그 두 사람도 길에서 겪은 일과 빵을 뜯어 주실 때 비로소 예수를 알아보게 된 사연을 이야기해주었다.

제자들에게 나타나시다(24:36-49)

그들이 이런 이야기를 나누고 있는데 예수께서 나타나시더니 그들 가운데 서서 말씀하셨다.

"그대들에게 평화가 있기를!"

그러자 그들은 혼비백산했다. 두려움에 사로잡혔다. 자기들이 유령이라도 보고 있다고 생각했다. 예수께서 그들에게 말씀하셨다.

"그대들, 어찌 그리 허둥대는가? 도대체 왜 그대들 마음속에 의심이 들어찼는가? 내 손과 내 발을 좀 보게. 분명히 내가 맞네. 나를 만져들 보게. 또 잘 살펴보게. 유령은 살과 뼈가 없지만 그대들이 보다시피 나는 살과 뼈가 있네."

이렇게 말씀하시고는 그들에게 손과 발을 보여주셨다. 그들은 기쁨에 겨운 나머지 여전히 믿지 못하고 놀라워하고 있었다. 그때 예수께서 그들에게 말씀하셨다.

"여기 그대들에게 먹을 게 좀 있나?"

그러자 그들이 예수께 구운 생선 한 토막을 내어드렸다. 예수께서 그것을 받아서 그들이 보는 앞에서 드셨다. 그러면서 그들에게 말씀하셨다.

"예전에 내가 그대들과 함께 있을 때 그대들에게 이런 말을 했네. 모이세스의 율법과 예언서와 시편에 나를 두고 기록된 것이 반드시 이루어져야 한다고 말이네."

그때 예수께서는 그들이 성경 말씀을 깨달을 수 있도록 그들의 이해력을 틔워주시며 말씀하셨다.

"성경에는 이렇게 기록되어 있네. 그리스도는 고난을 겪고 3일째 되는 날에 죽은 사람들 가운데에서 다시 살아난다고 말이네. 또 그리스도의 이름으로 죄를 용서받게 하는 회개가 예루살렘에서 시작해서 모든 민족에게 전파될 것이라고 했네. 그대들은 이 일의 증인이네. 여보게들, 나는 내 아버지께서 약속하신 것을 그대들에게 보내겠네. 그러니 그대들은 예루살렘에 머물러 있게. 위에서 내려오는 능력을 받을 때까지."

하늘로 올라가시다(24:50-53)

예수께서는 그들을 밖으로 데리고 가셨는데, 베타니아까지 데리고 가셨다. 그러고는 두 손을 드시고 그들에게 복을 빌어주셨다. 예수께서는 그들을 축복하시면서 그들에게서 떠나 하늘로 올라가셨다. 그들은 예수께 엎드려 절하고 큰 기쁨을 안은 채 예루살렘으로 돌아갔다. 그들은 날마다 성전에서 하나님을 찬양하며 지냈다.

인명/지명 대조표

『누가, 예수의 생애를 기록하다』	개역개정판 성경
갈릴래아	갈릴리
게네사레트	게네사렛
게라사	거라사
나가이	낙개
나아손	나손
나자레트	나사렛
나탄	나단
나호르	나홀
노에	노아
니네베	니느웨
다비드	다윗
데나리우스	데나리온
라가우	르우
라메크	레멕
라자로스	나사로
레비	레위
렙톤	렙돈
로트	롯
리사니아스	루사니아
마르타	마르다
마아트	마앗
마타타	맛다다
마타트	맛닷
마타티아스	맛다디아
마태오스	마태
막달레네	막달라
말렐레엘	마할랄렐

『누가, 예수의 생애를 기록하다』	개역개정판 성경
메나	멘나
멜레아	멜레아
멜키	멜기
모이세스	모세
므투셀라	므두셀라
바라바스	바라바
바르톨로매오스	바돌로매
베엘제불	바알세불
베타니아	베다니
베트파케	벳바게
베틀레헴	베들레헴
사렙타	사렙다
산헤드린	공의회
살라	살라(3:35)
살라	살몬(3:32)
살라티엘	스알디엘
세루크	스룩
세트	셋
아드민	아드민(새번역)
아디	앗디
아르팍사드	아박삿
아리마태아	아리마대
아미나다브	아미나답
아세르	아셀
아아론	아론
아우구스투스	아구스도
안드레아스	안드레

『누가, 예수의 생애를 기록하다』	개역개정판 성경
알패오스	알패오
야나이	얀나
야레트	야렛
야이로스	야이로
야코보스	야고보
야콥	야곱
에베르	에벨
엘리사베트	엘리사벳
엘리아킴	엘리야김
엘리에제르	엘리에서
엠마우스	엠마오
예리코	여리고
예수아	예수(3:29)
오베드	오벳
요나스	요나
요르단강	요단강
요세크	요섹
요세프	요셉
요하난	요아난
요하네스	요한
요한나	요안나
유다스	유다
유대아	유대
이사아크	이삭
이사이	이새
이스카리오트	가룟
이투래아	이두래

『누가, 예수의 생애를 기록하다』	개역개정판 성경
자카리아스	사가랴
자캐오스	삭개오
제베대오스	세배대
즈루바벨	스룹바벨
카이남	가이난
카이아파스	가야바
카파르나움	가버나움
코라진	고라신
코삼	고삼
쿠자스	구사
퀴리니우스	구레뇨
클레오파스	글로바
키레네	구레네
타라	데라
테오필로스	데오빌로
토마스	도마
트라코니티스	드라고닛
티로스	두로
티베리우스	디베료
파누엘	바누엘
파레스	베레스
팔레크	벨렉
페트로스	베드로
폰티우스 필라투스	본디오 빌라도
필리포스	빌립
한나	안나
한나스	안나스

『누가, 예수의 생애를 기록하다』	개역개정판 성경
헤노크	에녹
헤로데스	헤롯
헤스롬	헤스론
헤슬리	에슬리

민경식

연세대학교와 동 대학원을 졸업하고, 독일 뮌스터 대학교에서 신약성서 본문비평과 사본 연구로 박사 학위를 받았다. 현재 연세대학교 학부대학 교수이며, 한국신약학회와 세계신약학회(SNTS) 정회원으로 활발하게 학술 활동을 하고 있다. 저서로는 *Die früheste Überlieferung des Matthäusevan geliums*, 『신약성서, 우리에게 오기까지』, 『연세신학백주년기념 성경주석—마태복음』 등이 있으며, 역서로는 『마태복음』(IBT구약학입문시리즈), 『땅콩박사』(공역), 『기독교의 탄생』(공역), 『젤롯』 등이 있다.